SUPERFOODS

EINFACH & REGIONAL

Andrea Fičala

SUPER FOODS
EINFACH &
REGIONAL

Mit Fotografien von Sonja Priller und Illustrationen von Julia Lammers

REZEPTE IM FRÜHLING

Seite 46

Einleitung

8	Das Gute liegt so nah
10	Über meine Rezepte
11	Was ist Superfood?
12	Regional, saisonal und bio: Das perfekte Trio
13	Superfoods im Vergleich
14	10 einfache Regeln für eine gesunde Ernährung
15	Wissenswertes
17	Regionale Superfoods

Anhang

230	Glossar
231	Stichwortregister
232	Register nach Zutaten
237	Rezeptregister
240	Danksagung
240	Impressum

Frühstück

48	Mini-Frittata mit jungen Brennnesselspitzen
50	Frischkornmüsli aus rohem Buchweizen mit Granola
54	Würzige Brotchips mit Hummus-Dreierlei
56	Karotten-Sauermilch-Smoothie

Hauptspeisen

58	Rollgersten-Suppe in Frühlingslaune
60	Wilder Salat mit Frühlingskräutern
62	Cremiges Einkorn-Risotto mit Pilzen und Rucolaschaum
64	Einfach & schnell: Regenbogen-Gemüse aus dem Rohr
66	Eine Schüssel voll Glück – Mangoldbowl
68	Gefüllte Portobello-Pilze mit Petersilien-Gremolata und Schafkäse
70	Frühlingssalat mit scharfen Sprossen und Ei
72	Sauerkraut-Hirse-Laibchen mit Erdäpfelpüree
74	Sauerkraut selbst gemacht – im Einmachglas
76	Scharfes Linsendahl mit Minzjoghurt
78	Spargel-Brot-Salat mit würziger Kressevinaigrette

Snacks

80	Gebratene Radieschen mit Limettendressing
82	Dinkelstange gefüllt mit weißer Bohnencreme und Senfkeimlingen
84	Lauwarmer Spinatsalat mit gerösteten Sonnenblumenkernen, karamellisierten Schalotten, Ziegenkäse und Erdbeeren
86	Knusprige Falafeln

Süßes

88	Emmerreis-Auflauf mit Birne und Apfel
90	Knusperdessert mit Trockenobst und Kürbiskern-Krokant
92	Dinkelmuffins mit Rhabarber und Mohn

REZEPTE IM SOMMER

Seite 94

Frühstück

96	Amaranth-Pancakes mit Maulbeeren und Sauerrahm
98	Erfrischende Gersten-Gazpacho
100	Super Smoothie-Bowl
102	Steirer-Ei auf Vollkorn-Nussbrot

Hauptspeisen

104	Schneller Flammkuchen mit knackigem Sommergemüse
106	Joghurtsuppe mit Kichererbsen und würzigen Asia-Salaten
108	Lauwarmes Balsamicogemüse mit Kräuter-Leinöl
110	Sommerlicher Bohnenburger mit cremig-leichtem Coleslawsalat
114	Gebratener Radicchio mit karamellisierten Trauben und Nüssen
116	Karfiol einmal anders: „Karfiolreis" mexikanische Art
118	Mangold-Maki mit Emmerreis
120	Spaghetti mit Buchweizenbolognese
122	Schafkäse-Päckchen vom Grill mit dreierlei Pesto
123	Marillen-Pesto mit buntem Pfeffer
123	Würziges Tomaten-Fenchel-Pesto
123	Scharfes Pesto aus Karottengrün und Limette

Snacks

126	Knusprige Gemüsechips mit Sauerrahm-Dip
128	Erfrischender Linsensalat mit Birnen
130	Bunte Frischkäse-Chili-Bällchen
132	Polenta-Sandwich mit Antipasti

Süßes

134	Arme Ritter mit knallig grünem Erbseneis
136	Kefirnockerl mit Hollerkoch
138	Erdbeer-Rhabarber-Marmelade mit buntem Pfeffer

REZEPTE IM HERBST

Seite 140

Frühstück

- 142 — Schneller Haferdrink selbst gemacht
- 142 — Good Morning-Mix mit Haferdrink, Trauben und Nüssen
- 144 — Superfood-Frühstücks-Kuchen
- 146 — Ei im Hokkaido-Mantel
- 148 — Bagel mit Melanzanicreme, Stangensellerie, Kresse und Neuseeländer Spinat

Hauptspeisen

- 150 — Getreidebraten mit Selleriepüree
- 152 — Karotten-Sanddorn-Suppe
- 154 — Vegetarischer Caesar's Salad
- 156 — Fruchtiges Buttermilchcurry mit Vollkorn-Couscous
- 158 — Bunte Chinakohl-Wraps mit scharfem Chili-Dip
- 160 — Gebratener Karfiol mit Kichererbsen und Aioli
- 162 — Gefüllte Roggenbuchteln mit Nussbutter und fermentiertem Gemüse
- 166 — Feuriger Käferbohnen-Topf
- 168 — Scharfe Zucchininudeln mit Rucola-Haselnuss-Pesto
- 170 — Broccoli-Salat in beeriger Begleitung mit Blattzichorie & Walnüssen

Snacks

- 172 — Naanbrot mit Grünkohl-Dip
- 174 — Rucola-Mini-Strudel
- 176 — Rotkraut-Rohkost-Salat

Süßes

- 178 — Dinkel-Grießschmarren mit Äpfeln und Zwetschken
- 180 — Leinsamen-Pudding mit Vanille und frischen Beeren
- 182 — Knusprige Powerkekse
- 183 — Selbst gemachte Müsliriegel

REZEPTE IM WINTER

Seite 186

Frühstück

- 188 — Porridge süß & herzhaft mit heißem Apfel-Ingwer-Drink
- 190 — Maronisuppe mit Nusstopping
- 192 — Frühstücks-Galettes mit Radicchio
- 194 — Eier im Glas auf rotem Vogerlsalat

Hauptspeisen

- 196 — Volle Kraft voraus! Winterliche Minestrone für verschnupfte Tage
- 198 — Suppenwürze selbst gemacht
- 200 — One Pot Pasta „Ricotta-Walnuss-Asia-Salat"
- 202 — Gemüse-Vollkorn-Crumble mit Bohnen und Schafkäse
- 204 — Linsen-Erdäpfel-Spieß auf gebratenem Sauerkraut
- 206 — Cremiges Schwarzwurzelragout mit Schwarzbrot-Knödeln
- 208 — Zweierlei vom Kürbis: Marinierte Kürbisspalten aus dem Ofen & knusprige Kürbisrösti auf Wintersalat
- 210 — Lasagne al cavolo – die Kohllasagne
- 212 — Rotkrautfleckerl mit selbst gemachtem Frischkäse
- 214 — Pikant gefüllter Bratapfel
- 216 — Schnittzichoriensalat mit getrockneten Beeren, gebratenem Rettich, Birnenvinaigrette & Grissini

Snacks

- 218 — Leinsamen-Einkorn-Cracker mit würzigem Winter-Krenaufstrich
- 220 — Geröstete Kohlsprossen mit Zitronen-Dip
- 222 — Lauwarmes Rote-Rüben-Carpaccio mit Rettichtartar und Mozzarella

Süßes

- 224 — Weihnachtliche Superfood-Cookies
- 226 — Saftiger Gewürzkuchen im Glas
- 228 — Waldstaudekorn-Dessert mit Honig, Zimt & Apfelmus

Alle Zutaten, die ich für meine Rezepte verwende, sind vollgepackt mit kostbaren Inhaltsstoffen, sie sind möglichst reif geerntet und haben eine kurze Reise hinter sich. Regional angebaute Obst-, Gemüse- und Kräutersorten liefern uns rund ums Jahr auf ganz natürliche Weise genau jene Nährstoffe, die wir für unser Immunsystem und ein gesundes Leben brauchen. Viele von ihnen können wir sogar selbst sammeln, in unserem Garten oder auf unserem Balkon ziehen. Es ist ein gutes Gefühl zu wissen, was drin ist und wie es verarbeitet und produziert wurde.

An den Grundregeln des „Clean Eating"-Ernährungsstils orientiert, möchte ich Sie mit vielseitigen Rezepten dazu anregen, sich achtsam zu ernähren, selber zu kochen und pro Gericht nur wenige, dafür möglichst naturbelassene und schmackhafte Zutaten zu verwenden. Wenn Sie dem jahreszeitlich angepassten Angebot folgen, auf Frische und auf Abwechslung achten, dann steht einer gesunden und ausgewogenen Ernährung nichts im Weg.

Eine Auswahl an heimischen Lebensmitteln, die durch eine besonders hohe Nährstoffdichte und spannende Inhaltsstoffe glänzen, stelle ich im Kapitel *Regionale Superfoods* genauer vor und gehe auf ihre positiven Effekte für unsere Gesundheit ein.

Das Gute liegt so nah

Ist es möglich, dass die Lebensmittel, die vor unserer Türe, auf unseren Feldern, in unseren Gärten wachsen, viel spannender und abwechslungsreicher sind, als wir denken? Dass sie wesentlich mehr oder mindestens genauso viele gesunde Inhaltsstoffe enthalten, wie die derzeit als Superfoods gepriesenen „Zauberfrüchte" vom anderen Ende der Welt? Dass noch viel mehr in ihnen steckt, als wir bisher vielleicht geahnt haben? Es ist tatsächlich so, dass das Gute, das Beste für uns ganz nah liegt. Wir müssen nur bewusster hinschauen. Deshalb möchte ich Sie mit dem vorliegenden Buch gerne auf eine Entdeckungsreise mitnehmen und Ihre Aufmerksamkeit auf unsere heimischen Schätze und deren beeindruckenden inneren Werte lenken.

Wir sind immer wieder fasziniert von exotischen Produkten, weil sie neu und unbekannt sind, weil sie uns durch ihre Formen und Farben neugierig machen und uns neben Abwechslung in Geschmack und Zubereitung oft auch positive Effekte auf unsere Gesundheit versprechen. Viele dieser weit gereisten Früchte, Samen oder Blätter werden von der Bevölkerung in ihren Ursprungsländern seit Jahrhunderten genutzt und dienen dort als unverzichtbare natürliche Ernährungsgrundlage. Ein genauer Blick auf die Herkunft und die Entstehungsbedingungen insbesondere dieser Lebensmittel ist also sehr wichtig, wenn wir uns achtsam und nachhaltig ernähren möchten. Zwar scheinen Kriterien wie „biologischer Anbau" oder „Fair Trade" eine gewisse Sicherheit zu bieten, doch sollten wir uns bewusst sein, dass unsere erhöhte Nachfrage nicht ohne Folgen bleibt. Sie kann bedeuten, dass sich die Bedingungen am Produktionsort negativ für die Menschen und die Umwelt entwickeln, da schnell und günstig große Mengen geliefert werden müssen. Diese Faktoren und der nicht wegzudiskutierende lange Transportweg sollten uns zum Nachdenken darüber anregen, ob die in kleinen, aufwändig verpackten Portionen und um teures Geld gehandelten Superfood-Produkte wirklich so ein Gewinn für unsere Gesundheit und eine Bereicherung für unsere Ernährung darstellen. Genau betrachtet sind sie vermutlich vor allem eines: das Ergebnis einer guten Marketingstrategie der Lebensmittelindustrie.

Dass es auch anders geht, nämlich gesund, umweltschonend, günstig und vor allem richtig schmackhaft, möchte ich Ihnen mit meinem Buch ans Herz legen. Auf den folgenden Seiten und in meinen Rezepten hole ich unsere heimischen Produkte auf die Bühne, weil ich davon überzeugt bin, dass unsere saisonal verfügbaren, natürlich gereiften und unvergleichlich aromatischen Lebensmittel die wahren Superfoods sind.

Einem bunten, abwechslungsreichen Jahr mit viel Freude am Genießen steht mit *Superfoods. Einfach & Regional* nichts im Weg.

Abkürzungen

EL Esslöffel

TL Teelöffel

g Gramm

kg Kilogramm

ml Milliliter

l Liter

Msp. Messerspitze

Pkg. Packung

🛈 Tipp

ℹ️ Info

Vitamine

Mineralstoffe

Ballaststoffe

sekundäre Pflanzenstoffe

wertvolle Fettsäuren

Diese Kategorien sind mit „in nennenswerten Mengen" (⊙○○), „in mittleren Mengen" (⊙⊙○) und „in großen Mengen enthalten" (⊙⊙⊙) gekennzeichnet.

Die Rezepte sind, wenn nicht anders angegeben, für **4 Personen**.

Über meine Rezepte

Mir war es ein großes Anliegen, dass alle Rezepte einfach umsetzbar und alltagstauglich sind. Dabei punkten sie mit spannenden Kombinationen und ihrer bunten Vielfalt. Sie sind gut für Kochanfänger geeignet, werden aber sicher auch Kocherfahrenen neue Ideen und Inspiration liefern. Für mein Empfinden dürfen trotz des Fokus auf Regionalität Gewürze, Olivenöl und Zitrusfrüchte aufgrund ihrer geschmacklichen Vorzüge nicht ganz fehlen.

Wir haben uns bewusst für eine vegetarische Ausgabe des Kochbuches entschieden. Die Gerichte können individuell mit Fleisch oder Fisch ergänzt werden. Fleischtigern reicht oft schon eine kleine Menge an Faschiertem oder knusprigen Speckwürferln, um sie für pflanzenbetonte Gerichte zu begeistern.

Die Rezepte sind nach den Jahreszeiten gegliedert und in die Kategorien Frühstück, Hauptspeisen, Snacks und Süßes unterteilt. Es gibt zu jedem Rezept eine kurze Beschreibung, in der eine besondere Zutat oder ein bestimmter Inhaltsstoff vor den Vorhang geholt werden.

Zusätzlich gibt es Informationen, welche wertvollen Nährstoffe in welcher Menge in den jeweiligen Superfood-Gerichten stecken. So können Sie ganz nach Ihren persönlichen Bedürfnissen auswählen, was Ihnen gerade besonders guttut.

Ich habe bewusst darauf verzichtet, bei jedem Gericht Kalorienangaben zu vermerken. Das Kalorienzählen ist leider kein Erfolgsfaktor auf dem Weg zum Wunschgewicht, so einfach es auch klingt. Grund dafür sind die individuellen Schwankungen in der Zusammensetzung innerhalb einer Produktgruppe. Und jeder Stoffwechsel arbeitet ein bisschen anders.

Im ausführlichen Register finden Sie, neben einem Stichwortverzeichnis mit allen wichtigen Begriffen und einem nach Zutaten gegliederten Rezeptverzeichnis, unter der Rubrik *Low Calory* eine Zusammenstellung jener Gerichte, die durch die Verwendung kalorienarmer Zutaten und eine fettsparende Zubereitung besonders leicht sind. Auch alle Rezepte, die *eiweißreich*, *glutenfrei* und *rein pflanzlich* (vegan) sind, werden dort aufgelistet.

Viel Freude beim Ausprobieren!
Andrea Fičala

Was ist Superfood?

Der Begriff Superfood ist, wie bereits eingangs erwähnt, in erster Linie ein Marketingbegriff. Es gibt keine genaue fachliche oder gesetzliche Definition. Ihn kritisch zu hinterfragen ist grundsätzlich empfehlenswert, ganz besonders in Zusammenhang mit den Produktionsbedingungen in den Herkunftsländern und den überteuerten Preisen im Handel.

Unter Superfoods werden im Allgemeinen Lebensmittel verstanden, die mit einer besonders hohen Nährstoffdichte glänzen. Genauer gesagt bedeutet das, sie haben pro 100 g einen hohen Gehalt an Vitaminen, Mineralstoffen, sekundären Pflanzenstoffen wie Farb- oder Bitterstoffen und sind meist energiearm. In unserer heutigen Ernährung steigt der Anteil an sogenannten „leeren" Kalorien in Form von stark verarbeiteten Fertigprodukten. Diese Produkte liefern uns viel Energie, vor allem durch Zucker und Fett. Sie enthalten jedoch wenig wertvolle Substanzen, da diese im Laufe der aufwändigen Herstellung verlorengehen. Für eine lange Haltbarkeit und erwünschte Textur werden außerdem Zusatzstoffe hinzugefügt.

Die Idee hinter den regionalen Superfoods ist, qualitativ hochwertige Lebensmittel, die von Natur aus hohe Mengen gesundheitsfördernder Substanzen enthalten, zu essen und so den Weg einer guten, sicheren und umweltschonenden Ernährung einzuschlagen.

Was Superfood für uns tun kann und wo seine Grenzen liegen

Um ehrlich zu sein: Sogenanntes Superfood wird uns leider nicht schöner, gesünder oder schlauer machen, nur weil wir es hin und wieder essen. Wir können uns aber mit einer täglich guten Ernährung, die vielseitig und reich an frischen Produkten mit ihren wichtigen Inhaltsstoffen und arm an Zusatzstoffen und Rückständen ist, viel Gutes tun und unsere Gesundheit fördern.

Wissenswertes zur Nachhaltigkeit

Bei jedem Produkt im Handel lässt sich eine klare Bewegung ablesen. Ist es erst einmal bei den KonsumentInnen gut beworben worden, steigt die Nachfrage in den Anbauländern. Die Preise steigen und die lokale Bevölkerung kann sich das Produkt nicht mehr leisten, obwohl es in ihrer Ernährung schon immer einen wichtigen Stellenwert eingenommen hat.

„‚Eat the rainbow', ‚Iss den Regenbogen', ist ein hilfreicher Satz, um einmal darauf zu achten, welche Farben auf unseren Tellern besonders stark, wenig oder gar nicht vertreten sind."

Monokulturen und damit gerodeter Regenwald, Erosionen sowie schlechte Arbeitsbedingungen wie Lohndumping und Kinderarbeit sind nur einige negative Auswirkungen, die solche Anbausteigerungen oft mit sich bringen.

Und hier setzt die Idee an, die Produkte vor der eigenen Haustüre zu nutzen. Den eigenen Speiseplan einmal genauer zu beleuchten und Abwechslung auf den Teller zu bringen, weniger industrielle Fertigprodukte zu konsumieren und vor allem auf die Farbenpracht im Laufe des Jahres zu achten. „Eat the rainbow", „Iss den Regenbogen", ist ein hilfreicher Satz, um einmal darauf zu achten, welche Farben auf unseren Tellern besonders stark, wenig oder gar nicht vertreten sind. Hier zählen klarerweise nur natürliche Farben, keine künstlich zugesetzten Farbstoffe.

Regional, saisonal und *bio*: Das perfekte Trio

In meiner täglichen Arbeit mit Menschen sehe ich, dass Regionalität ganz unterschiedlich definiert wird. In diesem Buch bedeutet regional vor allem aus österreichischer Produktion, wobei Wert darauf gelegt wurde, dass die Produkte in relevanten Mengen produziert werden und leicht erhältlich sind. Alternativ sind auch Gemüse und Obst aus den direkten Nachbarländern eine gute Wahl, am besten biologisch.

Die Kombination aus regional und saisonal ist nicht nur sinnvoll, sondern auch unbedingt notwendig, um viele gesundheitliche und ökologische Vorteile daraus zu ziehen. Wenn wir unsere Lebensmittel nach dem Rhythmus der Natur, also im Lauf der Jahreszeiten auswählen, dann sorgen wir schon allein dadurch dafür, dass unser Körper eine ausgewogene Mischung der wichtigsten Nährstoffe erhält.

Der biologische Anbau der Lebensmittel macht das dynamische Trio schließlich komplett und bedeutet für mich immer die höchste Qualität.

Superfoods im Vergleich

Viele heimische Superfoods können mit den gut vermarkteten Exoten ganz leicht mithalten. Sehr gut sichtbar ist das an den folgenden Beispielen.

Leinsamen vs. Chiasamen

Rein ernährungsphysiologisch sind Chiasamen und Leinsamen sowie andere Ölsaaten aufgrund ihres hohen Anteils an Alpha-Linolensäure und ihres insgesamt günstigen Fettsäuremusters für unsere Ernährung sehr empfehlenswert. Zusätzlich enthalten beide einen hohen Anteil an unlöslichen Ballaststoffen und Proteinen mit guter Verfügbarkeit für unseren Körper.

Wenn beide ein vergleichbares Nährstoffprofil haben, warum zahlen wir teures Geld für ein Produkt, das wie die Chiasamen erst weit transportiert werden muss? Und noch dazu in letzter Zeit immer wieder Schlagzeilen mit schlechten Rückstandswerten macht. Die heimische Alternative hingegen wächst gleich vor unserer Türe und ist in bester, geprüfter Qualität erhältlich.

Açai- und Goji-Beeren vs. heimische Alternativen

Diese besonders exotisch klingenden Beeren haben es vielen Menschen angetan. Goji-Beeren stammen ursprünglich aus China und werden vor allem als Vitamin C-Bombe und Anti-Aging-Produkt beworben. Die Açai-Beere ist die Frucht der Kohlpalme und wird im südamerikanischen Raum produziert. Sie wird als Diät-Wundermittel angepriesen. Wissenschaftliche Belege gibt es für diese Werbeaussagen allerdings nicht.

Der angegebene Vitamingehalt der Goji-Beere liegt bei etwa 15 mg/100 g. Da können heimische Beeren wie die Brombeeren (18 mg/100 g), Erdbeeren (53 mg/100 g) oder die schwarze Johannisbeere (117 mg/100 g) ganz leicht auftrumpfen. Auch Holunderbeeren, Aronia (Apfelbeere) oder Rotkraut haben einen vergleichbar hohen Vitamingehalt.

Beeren werden auch gerne mit dem ORAC-Wert beworben. Untersuchungen von verschiedenen Konsumentenschutzorganisationen an Superfood-Produkten haben gezeigt: Im Großteil der als besonders gesund angepriesenen Produkte wurden Rückstände von Pflanzenschutzmitteln und Mineralölen sowie Verunreinigungen und mikrobiologische Auffälligkeiten nachgewiesen.

Preisvergleich Leinsamen – Chiasamen

Bio-Leinsamen € 3–4/kg

Bio-Chiasamen € 11–15/kg

Was sind ORAC-Werte?

Unternehmen bewerben ihre Superfood-Produkte gerne mit der ORAC-Messung (Oxygen Radical Absorbance Activity). Sie gibt die Fähigkeit eines Produktes zum Abfangen von Sauerstoffradikalen, also sein antioxidatives Potential, an. Da die bei der ORAC-Messung laufende Reaktion in dieser Form im menschlichen Körper gar nicht stattfindet und die Aufnahmefähigkeit des Körpers nicht berücksichtigt wird, haben einige Konsumentenschutz-Stellen die ORAC-Angaben als irreführend bewertet. Die Werte sind grundsätzlich viel zu kurzsichtig, denn in einem Lebensmittel zählt gesundheitlich nicht allein der antioxidative Wert, um aus ihm ein „Superprodukt" zu machen. Der ORAC-Wert ist also keine geeignete Größe, um die gesunde Wirkung eines Lebensmittels zu bestimmen.

Mit frischen, selbst zubereiteten Speisen sind wir immer auf der sicheren Seite und können Überdosierungen bestimmter Inhaltsstoffe ausschließen. Von Superfoods in Pulverform möchte ich an dieser Stelle grundsätzlich abraten, da hier diese sichere Grenze überschritten werden kann. Die Konzentration gewisser Inhaltsstoffe – unter Umständen eben auch von Schadstoffen – ist in der Trockenmasse durch den Entzug von Wasser nämlich ganz besonders hoch.

10 einfache Regeln für eine gesunde Ernährung

1. *selber kochen*
2. *frische, möglichst unverarbeitete Lebensmittel verwenden*
3. *am besten immer regional, saisonal und bio*
4. *wenige Zutaten pro Gericht*
5. *Rohkost genauso wie gegarte Speisen essen*
6. *möglichst alle essbaren Teile nutzen (Schale, Kerne, Blattgrün)*
7. *Speisen nur so lange kochen, wie für den Garprozess nötig*
8. *eine bunte Farbpalette am Speiseplan beachten*
9. *nichts ist grundsätzlich verboten oder böse*
10. *Genuss ist Lebensqualität pur*

Und, „Nobody is perfect"! Allzu strenge Ernährungs-Konzepte beschränken uns in unserem Genuss und in unserer positiven Beziehung zu Lebensmitteln. Sich auf gesundheitsfördernde Wirkungen unserer Nahrung zu konzentrieren, wirkt sich auch positiv auf unser Befinden aus.

Wissenswertes

Lebensmittel mit Laktose und Gluten meiden?

Laktose und Gluten sind natürlich vorkommende Inhaltsstoffe, die nicht gemieden werden müssen, solange keine Unverträglichkeit besteht. Es macht für gesunde Menschen keinen Sinn, laktosefreie oder glutenfreie, oft stark verarbeitete Lebensmittel aus dem Handel zu konsumieren. Ganz im Gegenteil, meiden wir Gluten oder Laktose, kann es sogar eher zu körperlichen Abwehrreaktionen oder Allergien kommen, wenn unser Körper dann doch wieder einmal damit in Kontakt kommt.

Ein schönes Beispiel ist die Beikost-Ernährung. Lange Zeit galt die Empfehlung, Babys im ersten Lebensjahr mit der Nahrung keine möglicherweise allergieauslösenden Inhaltsstoffe anzubieten. Dies galt zum Beispiel für Nüsse, Eier, Fisch oder glutenhaltiges Getreide. Inzwischen hat die Wissenschaft herausgefunden, dass sich das Immunsystem durch den Kontakt kleiner Mengen gut darauf einstellt und damit einer Allergie sogar vorgebeugt werden kann. Vor allem, wenn parallel dazu noch gestillt wird.

Das Märchen vom totgekochten Gemüse

Immer wieder hören wir in den Medien oder von selbst ernannten Fachleuten von totgekochten Lebensmitteln, die aufgrund des Garens keine gesunden Inhaltsstoffe mehr enthalten. Das ist Unsinn, da die Hauptnährstoffe, einige Vitamine und die Mineralstoffe nicht durch Hitze zerstört werden. Natürlich gehen beim Garen ein paar Nährstoffe verloren, gleichzeitig werden andere aber leichter für unseren Körper verfügbar. Bestes und bekanntestes Beispiel ist der rote Farbstoff Lycopin in Tomaten, der vor allem aus Produkten wie Tomatenmark und Ketchup in großen Mengen aufgenommen wird. Und nicht umsonst haben wir Menschen begonnen, Lebensmittel zu erhitzen. Zahlreiche gesundheitsschädliche Substanzen werden dadurch entfernt oder zerstört, sodass der Verzehr erst möglich wird.

Rohe Produkte wiederum liefern eine höhere Menge an hitzeempfindlichen Inhaltsstoffen wie Vitamin C und sie müssen stärker gekaut werden, was wiederum unserer Zahngesundheit zu Gute kommt. All das spricht für eine bewusste Auswahl und Kombination sowohl von rohen als auch gegarten Speisen.

Alternativprodukte
Milch lässt sich in vielen Rezepten einfach durch Wasser mit einem Esslöffel Pflanzenöl austauschen. Oder Sie verwenden einen Pflanzendrink aus regionalem Hafer oder Dinkel.

Regionale

SUPERFOODS

Birne

Zwetschke

Erdbeere

Schwarze Johannisbeere

„Heimisches Wildobst ist eine wertvolle Ergänzung zur erhältlichen Handelsware."

Marille

Brombeere

❶ Beeren | Obst

Was steckt drin?

Die hier genannten Früchte haben neben ihrer **antioxidativen Wirkung** auch einen hohen Gehalt an wertvollen **Vitaminen und Mineralstoffen**. Ihre vielfältige saisonale und regionale Verfügbarkeit machen eine abwechslungsreiche und gesunde Ernährung leicht.

Bei diesen Früchten ist auch der **Ballaststoffgehalt** sehr wertvoll. Vor allem *Birnen*, *Brombeeren* und *Himbeeren*, *Holunderbeeren*, *Johannisbeeren*, *Stachelbeeren* und *Weintrauben* liefern uns hohe Mengen an den unverdaulichen Nahrungsbestandteilen, die unsere Darmtätigkeit anregen und unterstützen. Besonders hoch ist der Gehalt an Ballaststoffen in Trockenfrüchten wie *Zwetschken* oder *Marillen*. An dieser Stelle möchte ich noch für *Weintrauben mit Kernen* plädieren. Sie sind nicht ganz so beliebt, weil die Kerne beim Daraufbeißen etwas bitter schmecken, doch eben diese enthalten **zusätzliche Ballaststoffe** und **sekundäre Pflanzenstoffe**, die durch das Zerkauen erst frei werden.

Birne	Maulbeere
Brombeere	Stachelbeere
Erdbeere	Sanddorn
Heidelbeere	Schwarze Apfelbeere oder Aronia
Himbeere	Schwarze Johannisbeere
Holunderbeere	Weintrauben
Marille	Zwetschke

Was für eine Farbenpracht

Allein die Farbpalette der Beeren lässt uns erahnen, wie hoch ihr gesundheitlicher Wert tatsächlich ist. Von gelb, orange über grün und rot bis hin zu violett und schwarz. Die Gruppe der **Polyphenole**, zu denen diese **natürlichen Farbstoffe** gehören, ist riesig und vielfältig in ihrer Wirkung. Polyphenole haben in den Pflanzen besondere Aufgaben wie Schutz gegen Bakterien- und Pilzinfektionen, Anlockmittel zur Fortpflanzung oder Schutz vor intensiver UV-Strahlung und den dadurch entstehenden freien Radikalen. Und genau davon profitieren auch wir Menschen. Denn freie Radikale entstehen in unserem Körper durch Medikamente, Stress, extreme sportliche Aktivitäten oder Umweltgifte. Aber auch das normale Altern ist ein Prozess, der durch freie Radikale bedingt wird. Polyphenole sind *stark antioxidativ* wirksam, das heißt, sie schützen unsere Zellen vor oxidativem Stress, dem Ungleichgewicht im Stoffwechsel, bei dem die Zellen selbst nicht mehr in der Lage sind, schädigende Substanzen abzufangen.

Die in *Holunder-* und *Apfelbeere* enthaltenen **Gerbstoffe** führen zu einem herben Geschmack und haben eine hohe antibakterielle Wirkung. Die Beeren enthalten zusätzlich eine besonders hohe Konzentration an Antioxidantien, den sogenannten **Anthocyanen**. Das sind **wasserlösliche Farbstoffe**, die in allen Pflanzen vorkommen, bei denen Blüten oder Früchte eine rote, blau-violette oder blau-schwarze Färbung zeigen.

Frische Früchte

Für Gartenbegeisterte sind Obstbäume und -sträucher eine tolle Möglichkeit, Superfood aus eigenem Anbau zu ernten. Viele Arten sind äußerst robust und einfach zu ziehen, und noch reifer und frischer als selbst gepflückt geht es nicht. Es gibt sehr schädlings- und wetterresistente Sträucher wie die *Apfelbeere (Aronia)*, die hierzulande gerade ihren kleinen Siegeszug antritt. Sie übersteht Temperaturen bis zu -30°C.

Für diejenigen, die keinen Garten oder Terrasse ihr Eigen nennen, empfehle ich für den Obsteinkauf frische Ware vom Markt oder Hofladen. Hier bekommt man reife Produkte, meist direkt vom Feld, die dann zwar schnell gegessen oder verarbeitet werden müssen, aber geschmacklich weit besser sind als Früchte aus dem Supermarkt. Dort müssen die recht unreif geernteten Produkte erst einmal die langen Transportwege und Lagerzeiten im Regal überstehen.

Wildobst sammeln

Heimisches Wildobst ist eine wertvolle Ergänzung zur erhältlichen Handelsware. *Wald-Heidelbeeren*, *Holunder*, *Sanddorn* oder *Maulbeeren* sind nur wenige Beispiele der riesigen Vielfalt. Die wilde Form liefert meist noch mehr Inhaltsstoffe als die Obstarten und -sorten, die vom Menschen züchterisch stark genutzt werden. Ein Beispiel sind die *Wald-Heidelbeeren* im Vergleich zu den häufig in Kanada produzierten Kulturheidelbeeren. Allein die Intensität der Farbe spricht für sich. Vom Geschmack ganz zu schweigen.

Selber Sammeln hat auf jeden Fall eine befriedigende und eine beruhigende, ja fast meditative Wirkung, wie mir viele Sammelfreudige in meinem Umfeld bestätigen.

Diverse Internet-Plattformen wie www.mundraub.org zeigen europaweit Obstbäume und -sträucher im öffentlichen Raum, von denen genascht werden darf.

Alternative zu frischen Beeren

Falls frische Beeren nicht verfügbar sind, ist der im Handel erhältliche, etwas seltsam klingende „Muttersaft" eine gute Alternative. Muttersaft ist der pure Direktsaft ohne Zuckerzusatz. Die Konzentration an wertgebenden Inhaltsstoffen ist in den Schalen der Früchte besonders hoch, deshalb geht im Saft im Vergleich zu den ganzen Früchten natürlich etwas verloren. Der bei der Saftgewinnung entstehende Pressrückstand – der sogenannte Trester – diverser Früchte ist auch eine wertvolle Zutat zum Beispiel im Müsli.

Stachelbeere

Weintrauben

Himbeere

Sanddorn

„Für diejenigen, die keinen Garten oder Terrasse ihr Eigen nennen, empfehle ich für den Obsteinkauf frische Ware vom Markt oder Hofladen."

Maulbeere

Holunderbeere

❷ Eier

Was steckt drin?

Das **Eiweiß** in Eiern hat eine unübertreffliche Qualität. Unser Körper kann es zu hundert Prozent in körpereigenes Protein umwandeln und es ist leicht verdaulich.

Zusätzlich liefert es **wenig Fett** und einige **Vitamine und Mineralstoffe**. Die gute Nachricht: Das in Eiern enthaltene Cholesterin wurde von der Forschung inzwischen von seinem schlechten Ruf freigesprochen. Das mit der Nahrung aufgenommene Cholesterin hat eine geringe Wirkung auf den Cholesterinspiegel. Hier spielt die Aufnahme von gesättigten und ungesättigten Fetten mit unserem Essen eine weitaus größere Rolle.

Ich oute mich hiermit als großer Ei-Fan, denn abgesehen vom gesundheitlichen Wert hat das Ei vielzählige küchentechnische Vorzüge, wie die Fähigkeit zu binden, zu färben oder Teige zu lockern.

Haltbarkeit

Eier werden häufig sofort bei Ablauf des angegebenen Mindesthaltbarkeitsdatum entsorgt. Das ist nicht notwendig, denn dieses Datum ist nur ein Richtwert, der eine Höchstqualität bis zu diesem Datum bei richtiger Lagerung garantieren soll. Erst dann kommt es zu einer Veränderung im Produkt, die aber nicht plötzlich passiert und auch nicht sofort mit einem Verderb verbunden ist. Eier halten im Kühlschrank wesentlich länger als angegeben. Als Empfehlung gilt allerdings, sie nach Überschreiten des Mindesthaltbarkeitsdatums bei über 70°C durchzugaren, sie also zum Beispiel zum Backen oder zum Binden von Laibchen zu verwenden.

Wer unsicher ist, sollte sich auf seine Sinne verlassen. Riecht das aufgeschlagene Ei schlecht – und glauben Sie mir, das erkennen Sie sofort –, dann ist es nicht mehr zum Verzehr geeignet. Eier vorzeitig zu entsorgen ist schade, denn nicht nur das Huhn und die Landwirte haben hart daran gearbeitet, es sind auch viele energie- und arbeitsaufwändige Schritte passiert, die alle umsonst waren, wenn das Produkt im Abfall landet.

Der Kauf von Bio-Eiern oder mindestens Freilandhaltungs-Qualität sei an dieser Stelle noch erwähnt und besonders empfohlen.

❸ Fermentierte Lebensmittel

Was steckt drin?

Fermentierte Produkten enthalten **lebende Bakterienkulturen,** die wertvoll für unseren Darm sind. Während der Milchsäuregärung wird der Milchzucker gespalten, sodass er leichter verdaulich wird. Daher sind diese Lebensmittel auch für Menschen mit Problemen bei der Laktose-Verdauung sehr empfehlenswert.

Fermentieren

Bei der Fermentation oder Fermentierung werden organische Stoffe durch Bakterien, Pilze oder Enzyme umgewandelt. Dabei werden grob aufgebaute Stoffe in einfachere Moleküle abgebaut. Es verändern sich der Geschmack und die Textur, aber auch der Nährwert positiv. Die Verdaulichkeit und Verträglichkeit wird verbessert und es kommt zu einem Wachstum erwünschter Bakterien, die unsere Darmflora unterstützen. Unser Darm braucht eine Vielzahl an verschiedenen Bakterien, um eine starke Barriere zwischen der Innen- und Außenwelt zu bilden. Sie bekämpfen Krankheitserreger im Darm. Bei der Besiedelung mit wichtigen Mikroorganismen helfen die unterschiedlichen fermentierten Lebensmittel wie milchsauervergorenes Gemüse (z.B. Sauerkraut) und Essig sowie Milchprodukte wie Sauermilch, Kefir und Joghurt.

Beim Fermentieren von Milchprodukten wird der Milchzucker – die Laktose – durch verschiedene Bakterien zu Milchsäure umgewandelt. Sauermilchprodukte sind dadurch bei leichter Laktoseintoleranz gut verträglich. Das Fermentieren macht das Milcheiweiß leichter verdaulich, erhöht den Gehalt an B-Vitaminen und verbessert die Aufnahmefähigkeit von Kalzium.

Sauermilch

Sauerteigbrot

Gemüse

Radieschen

Kohlsprossen

Rucola

Pak Choi

„Die gesundheitsfördernde Wirkung der Kohlarten steht heute vermehrt im Fokus der wissenschaftlichen Forschung zur gesunden Ernährung."

Rettich

Grünkohl

❹ Gemüse

Kreuzblütler mit Senfölen und ihre Sprossen

Was steckt drin?

Senfölglycoside verleihen diesem Gemüse seinen typischen scharfen und leicht bitteren Geschmack. So richtig scharf wird es aber erst, wenn die Zellen der Pflanze verletzt werden und die **Glycoside** mit den räumlich getrennten **Enzymen** zu **Senfölen** reagieren. Diese Verbindungen schützen die Pflanzen vor Fraßfeinden. Spannend ist dabei, dass sie im menschlichen Stoffwechsel in kleinen Mengen wie ein **aktivierender Impuls** für unser **Immunsystem** wirken. In zu großen Mengen könnten sie uns schaden. Allerdings kann eine Überdosierung nur mit einer unnatürlichen Ernährung ernsthaft passieren, zum Beispiel durch den Verzehr von konzentrierten Pulvern, wie beispielsweise Grünkohlpulver.

Auch an **Vitaminen** und **Mineralstoffen** haben Kreuzblütler einiges zu bieten. Sie liefern reichlich **Folsäure**, **β-Carotin** und **viel Vitamin C**. Das enthaltene **Eisen** ist dadurch noch besser verfügbar. Auch der **Kalziumgehalt** liegt über dem vieler anderer Gemüsearten. **Senföle** wirken keimhemmend, stoffwechsel- und appetitanregend.

Der Großteil der Vertreter der Kreuzblütler-Gruppe liefert uns zudem reichlich wichtige **Ballaststoffe**.

Asia-Salate (Pak Choi, Mizuna, Blattsenf)

Broccoli

Chinakohl

Gartenkresse

Grünkohl

Kapuzinerkresse

Karfiol

Kohlrabi

Kohlsprossen

Kren

Radieschen und Rettich

Romanesco

Rotkraut

Rucola

Weißkraut

Wirsing

Grüne Kraftpakete

Diese Gruppe möchte ich Ihnen sehr ans Herz legen. Besonders die gesundheitsfördernde Wirkung der Kohlarten, wie Wirsingkohl, Grünkohl, Palmkohl, u.a., steht heute vermehrt im Fokus der wissenschaftlichen Forschung zur gesunden Ernährung. Alle genannten Kreuzblütler haben eine sehr hohe Nährstoffdichte und können auch roh verzehrt werden.

Sprossen

In Sprossen ist der Gehalt an gesundheitsfördernden Senfölen bis zu hundert Mal höher als im ausgereiften Gemüse, daher sind besonders die Keimlinge der Kreuzblütler für uns gesundheitlich interessant. Grundsätzlich sind aber die Samen aller essbaren Pflanzen zum Sprossen geeignet. Es funktioniert ganz einfach und schnell in einem Sprossenglas oder – für stark schleimende Samen wie Kresse, Leinsamen, Rucola oder Senf – in einer Schale auf feuchter Watte oder Küchenrolle oder in einem Kressesieb.

Die Sprossen von Hülsenfrüchten wie Soja, Mungbohnen oder Linsen sollten vor dem Verzehr kurz angebraten oder blanchiert werden, um Verdauungsproblemen vorzubeugen.

Mizuna

Rotkraut

Romanesco

Weißkraut

Regionale Superfoods

Broccoli

Blattsenf

Kapuzinerkresse

China-kohl

Karfiol

Gemüse | Kreuzblütler mit Senfölen und ihre Sprossen

Chicorée

Radicchio

> „Bitterstoffe regen das Immunsystem an, da sie in geringen Dosen scheinbar wie kleine Alarmimpulse für den Körper wirken."

Catalogna

Schwarzwurzeln

Gemüse | Korbblütler mit Bitterstoffen

Korbblütler mit Bitterstoffen

Was steckt drin?

Vor allem im späten Herbst und Winter können bittere Salate und Schwarzwurzeln den Speiseplan toll ergänzen. Schwarzwurzeln liefern uns zusätzlich einen wertvollen Inhaltsstoff, das **Inulin**, ein Pflanzenstoff, der das Wachstum gesundheitsfördernder Darmbakterien unterstützt. Die Verarbeitung der langen Stangen ist gar nicht schwer, wenn man weiß, wie es funktioniert. Klassisch werden sie zu Salat verarbeitet, eine weitere Rezeptidee ist das köstliche *Schwarzwurzelragout* auf Seite 206.

Puntarelle

Salatzichorien

Catalogna

Chicorée

Endivie

Puntarelle

Radicchio

Schwarzwurzeln

Salatzichorien sind hervorragende Herbst- und Wintergemüse mit einem typischen bitteren Geschmack. Während Herr und Frau Österreicher eher zurückhaltende Bitteresser sind, lieben unsere Nachbarn in Italien die Bitterstoffe und nutzen sie eifrig in der Küche.

Da uns Menschen die Vorliebe für Süßes angeboren ist, gibt es gegen **Bitterstoffe** eine wahre Abneigung. Süßes ist ein Zeichen für kalorienreiche Lebensmittel, ein bitterer Geschmack hingegen könnte auf Unreife oder gar Giftigkeit hinweisen. Bei Kindern ist das gut zu beobachten, nach dem Probieren von bitteren Lebensmitteln verziehen sie das Gesicht und der ganze Körper wird richtiggehend durchgeschüttelt. Erst im Alter gewöhnen wir uns daran und beginnen vielleicht sogar, bittere Produkte zu mögen. Je öfter man probiert, desto eher gewöhnt man sich daran und lernt den Geschmack zu schätzen.

Im Mittelalter fanden sich viele Bitterpflanzen in den klösterlichen Gewürz- und Kräutergärten und auch heute ist die heilbringende Wirkung von Bitterstoffen bekannt. Sie werden zum Beispiel in Kräuter- oder Schwedenbittern zur **Verdauungsförderung** und gegen Übelkeit genutzt. Bitterstoffe regen außerdem das **Immunsystem** an, da sie in geringen Dosen scheinbar wie kleine Alarmimpulse für den Körper wirken.

Viele Obst- und Gemüsesorten sind heute weniger herb und bitter als früher. Der Bitterstoffgehalt wurde herausgezüchtet, damit die Sorten süßlicher schmecken und der Verzehr steigt. Bei Grapefruits fällt das stark auf – es sind fast nur noch die pinken Varianten im Handel erhältlich – aber auch bei vielen Salaten sind eher milde Sorten gefragt. Wer Bescheid weiß, nutzt die Bitterstoffe hin und wieder bewusst für seine Gesundheit.

Fenchel

Sellerie

„Alle drei Gemüse können sowohl roh als auch gegart verzehrt werden und sind vielseitig in der Küche einsetzbar."

Pastinake

Doldenblütler mit hoher Nährstoffdichte

Was steckt drin?

Diese drei Gemüse lassen sich bis weit in den Herbst und Winter ernten und/oder lagern und bereichern deshalb besonders die Küche in der kalten Jahreszeit. Generell sind alle Wurzelgemüse wie Karotten, Rote Rüben, Petersilienwurzeln und Co. aufgrund ihrer gesundheitsfördernden Inhaltsstoffe empfehlenswert. Sie sind reich an Ballaststoffen und haben daher einen guten Sättigungswert.

Fenchel

Pastinake

Sellerie (Stangen- und Knollensellerie)

Alle drei Gemüse können sowohl roh als auch gegart verzehrt werden und sind vielseitig in der Küche einsetzbar. Das intensive typische Aroma ist im gegarten Produkt milder. Dies ist besonders beim Fenchel zu beachten, da seine ätherischen Öle im rohen Zustand eine gewisse Schärfe aufweisen. Fenchel kann helfen, Verdauungsprobleme und Halsschmerzen zu lindern.

Pastinaken und Sellerie sind sehr ballaststoffreich und tragen so zu einer guten Sättigung bei. Sie haben außerdem von Natur aus einen hohen Zuckergehalt, wodurch sie wunderbar als gesunder Zuckerersatz verwendet werden können (wie die Pastinake beim Rezept *Saftiger Gewürzkuchen im Glas* Seite 226 oder auch die Karotte bei den *Superfood-Cookies* Seite 224 zeigt).

Terpene für die Gesundheit

Fenchel, Pastinake und Sellerie enthalten eine hohe Menge an sogenannten Terpenen. Sie sind wichtige Bestandteile von ätherischen Ölen, die den typischen würzigen Geschmack bilden. In wissenschaftlichen Untersuchungen konnte Terpenen ein antimikrobieller (bakterienhemmender) und antikanzerogener (krebshemmender) Effekt nachgewiesen werden.

„Die Vielfalt des heimischen Getreides zu nutzen, hat hohen gesundheitlichen Wert."

❺ Getreide & Pseudocerealien

Getreide: Was steckt drin?

Alle Getreidearten sind wertvolle Lieferanten von **Kohlenhydraten** und **Eiweiß** und Quelle für **Ballaststoffe, Vitamine und Mineralstoffe**.

Hafer und Gerste (Nacktgerste) sollen an dieser Stelle besonders hervorgehoben werden, da nur sie einen hohen Gehalt an β-Glucanen aufweisen, das sind lösliche Ballaststoffe und sogenannte Schleimstoffe. Vielen sind sie vielleicht noch von der Hafer- oder Gerstenschleimsuppe bekannt, die man als Kind bekommen hat, wenn man krank war. Diese beim Erhitzen schleimenden Substanzen stärken unser **Immunsystem und den Verdauungstrakt**, sind also genau das Richtige zur Unterstützung der Genesung.

Nacktgerste enthält auch in den inneren Schichten eine hohe Menge dieser löslichen Ballaststoffe, während Hafer sie vor allem in den Schalen enthält.

Hafer	Gerste	Amaranth
Dinkel und Grünkern (halbreifer, getrockneter Dinkel)	Hirse	Buchweizen
	Kukuruz/Mais	
Einkorn	Roggen	
	Waldstaudekorn	
Emmer	Weizen	

Getreidevielfalt

Weizen wurde in den letzten Jahren oft als ungesund angeprangert. Vieles daran ist weit hergeholt und wurde dramatisch dargestellt. Manches aber gibt auch zu denken. Weizen, Mais/Kukuruz und Reis decken 90 % der Weltproduktion an Getreide ab. Auch wenn ein großer Teil dieser Getreidemengen als Futtermittel für die Tierproduktion genutzt werden, lassen die Zahlen erahnen, wie einseitig die menschliche Ernährung hier inzwischen ist.

Meine Rezepte sind daher bewusst mit unterschiedlichen Getreidearten und -sorten zusammengestellt, um die heimische Getreidevielfalt zu nutzen.

Vollkornprodukte: Das Äußere zählt

Die Menge an wertvollen Inhaltsstoffen nimmt beim Korn von außen nach innen ab, sodass Produkte mit der Schale (Vollkorn) besonders empfehlenswert sind. Wer Sorge vor erhöhten Rückständen an den Schalenanteilen hat, sollte vermehrt auf Bioprodukte zurückgreifen, da hier der Einsatz von Pflanzenschutzmitteln geringer ist. Grundsätzlich müssen aber natürlich auch im konventionellen Bereich gesetzlich definierte Grenzwerte eingehalten werden.

Wenig genutzte Getreidesorten

„Alte" Getreidesorten wie *Einkorn*, *Emmer* oder *Waldstaudekorn* sind inzwischen in einer großen Palette in Bioqualität erhältlich. Diese Getreidesorten sind teurer als die gängigen Getreidearten. Das liegt am aufwändigeren Anbau und dem geringeren Ertrag pro Fläche im Vergleich zu Weizen. Dafür sind sie besonders robust und brauchen weniger Pestizide.

Emmer

Mais

> „'Alte' Getreidesorten wie Einkorn, Emmer oder Waldstaudekorn sind inzwischen in einer großen Palette in Bioqualität erhältlich."

Waldstaudekorn

Die Vielfalt des heimischen Getreides zu nutzen, hat hohen gesundheitlichen Wert. Damit ist nicht gemeint, plötzlich nur Einkorn und Emmer als Hauptgetreide zu verwenden, sondern auch den gängigen Getreidearten wie Weizen und Roggen ihren Platz im Speiseplan zu geben. Ein gesundes Mittelmaß ist hier wieder einmal die beste Wahl. Denn was würde passieren, wenn sich plötzlich alle Menschen auf die alten Sorten stürzen? Der Anbau müsste stark forciert und die Leistungsfähigkeit der Pflanzen vermehrt hervorgezüchtet werden. Es hätte also ähnliche Tendenzen zur Folge wie beim heutigen Weizen.

Die genannten Getreidesorten sind nicht glutenfrei, eignen sich aber sehr gut für Menschen mit einer Weizenunverträglichkeit. Heimische glutenfreie Getreide sind Hirse, Mais/Kukuruz sowie die Pseudocerealien Amaranth, Buchweizen und Quinoa, die in den nächsten Jahren wahrscheinlich auch verstärkt in Österreich angebaut werden wird. Hafer weist produktionsbedingt häufig Verunreinigungen von Weizen, Roggen oder Gerste auf, sodass nur explizit als glutenfrei gekennzeichneter Hafer geeignet ist. Es sei hier nochmals erwähnt, dass Gluten im normalen Stoffwechsel grundsätzlich nicht schädlich ist.

Getreidereis: kürzere Garzeiten, voller Inhalt

„Getreidereis" wird durch schonendes Schleifen und behutsames Polieren der Getreidekörner hergestellt. Nur ein kleiner Teil der äußeren Getreidehülle wird dabei entfernt. Wertvolle Inhaltsstoffe bleiben somit erhalten, aber der Kochvorgang wird erheblich verkürzt im Vergleich zum ungeschliffenen Korn.

Die sogenannten Pseudocerealien

Die Gruppe der Pseudogetreide beinhaltet Pflanzen, die botanisch gesehen keine echten Getreidearten sind, aber so wie diese verwendet werden können. Sie sind also auch nicht mit dem Weizen verwandt, dadurch **glutenfrei** und bei Weizenunverträglichkeiten bestens geeignet.

Als heimische Varianten sind *Buchweizen* und *Amaranth* in größeren Mengen verfügbar. Sie sind wie die alten Getreidesorten sehr zu empfehlen, um Abwechslung in unsere weizendominierte Ernährung zu bringen. Es wird angenommen, dass so den steigenden Unverträglichkeiten und Allergien vorgebeugt werden kann.

Verträglichkeit von rohem Buchweizen?

Kaum jemand weiß, dass Buchweizen auch roh gegessen werden kann und toll schmeckt (siehe Rezept *Frischkornmüsli* Seite 50). Roher Buchweizen bleibt knackig – perfekt für diejenigen, die keine typischen Breiliebhaber sind.

Die Schale des Buchweizens enthält, wie Hülsenfrüchte auch, sogenannte **Saponine**, die zu Bauchgrummeln und Blähungen führen können. Aber keine Sorge: Im Handel werden die Körner ohnehin nur geschält angeboten. Durch das Quellen im lauwarmen Wasser wird der Buchweizen noch leichter verträglich, sodass auch sensible Mägen das rohe Korn gut vertragen.

Pseudocerealien: Was steckt drin?

Buchweizen und Amaranth liefern uns jede Menge **leicht verwertbares Eiweiß**.

Für Sportliche interessant: Sie sind reich an **Mineralstoffen** und enthalten alle **essentiellen Aminosäuren** in einem günstigen Verhältnis zueinander. Sie haben damit eine hohe biologische Wertigkeit, unser Körper kann das Eiweiß also sehr gut nutzen. Weitere Inhaltsstoffe sind die **B-Vitamine** mit Ausnahme von B_{12}, das hauptsächlich in tierischen Produkten vorkommt.

Amaranth

Buchweizen

Bohnen

Erbsen

„Durch die schlaue Kombination von Hülsenfrüchten mit Getreide lässt sich ein gutes Aminosäureprofil in der Ernährung erreichen."

Kichererbsen

Linsen

Hülsenfrüchtler (Leguminosen)

❻ Hülsenfrüchtler (*Leguminosen*)

Bohnen	Kichererbsen
Erbsen	Linsen

Was steckt drin?

Hülsenfrüchte sind in der Küche abwechslungsreich einsetzbar, hervorragende **Eiweißlieferanten**, haben **wenig Fett** und sind **reich an Vitaminen, Mineralstoffen und Ballaststoffen**. Mit wenigen Ausnahmen – wie die Zuckererbsen – müssen alle Hülsenfrüchte gegart werden, da ihr Verzehr im rohen Zustand gesundheitsschädlich ist.

Durch die schlaue Kombination von Hülsenfrüchten mit Getreide lässt sich ein gutes **Aminosäureprofil** in der Ernährung erreichen. Dies gilt vor allem für Menschen, die keine Milchprodukte und Eier essen möchten oder diese nicht vertragen.

Apropos **Aminosäuren**: Sie bilden die Proteine, welche lebensnotwendige Bestandteile unserer Ernährung, die Grundsubstanz unseres Körpers und wichtig bei zahlreichen Funktionen im Stoffwechsel sind. Insgesamt ist die österreichische Bevölkerung gut mit Eiweiß versorgt. Eine permanente Überversorgung mit hohen Mengen an Proteinen belastet die Organe und fördert einige Erkrankungen. Es gibt also keinen schlüssigen Grund, diesen Nährstoff übertrieben hervorzuheben, wie das bei manchen Ernährungsformen oder Diäten der Fall ist. Dasselbe gilt für Fette und Kohlenhydrate. Eine gute Ernährung beinhaltet alle Nährstoffe gleichermaßen und schließt keinen explizit aus.

Sie sind vielseitig, die kleinen und großen bunten Samen und Früchte der Hülsenfrüchtler, umgangssprachlich auch als „Hülsenfrüchte" bezeichnet (zum leichteren Verständnis werde ich diese Gewohnheit in diesem Buch auch so weiterführen). *Käferbohnen*, *Zuckererbsen*, *Linsen*, *Kichererbsen* und *Sojabohnen* sind nur einige Vertreter der großen Produktgruppe.

Erfreulicherweise steigt die Beliebtheit von Linsen, Bohnen & Co. in unseren Breiten und damit auch ihr Anbau, vor allem im Biobereich. Gut so, denn Leguminosen sind auch wertvoll für den Boden. Sie bereichern ihn mit Stickstoff, verbessern und erhalten dadurch die Bodenfruchtbarkeit.

Verträglichkeit

Oft werden als Argument gegen Linsen- und Bohnengerichte die unangenehmen Begleiterscheinungen genannt, die auftreten können. Die Blähungen entstehen durch den hohen Gehalt an Ballaststoffen, also den unverdaulichen Bestandteilen in den Hülsenfrüchten, die wieder ausgeschieden werden. Wie vieles gibt es also auch hier zwei Seiten, einerseits die gesundheitsfördernde Wirkung der Ballaststoffe, andererseits das Grummeln im Darm mit Folgen für das zwischenmenschliche Miteinander. Klassischerweise sind in vielen Rezepten mit Hülsenfrüchten Kräuter und Gewürze enthalten, die diesen Blähungen vorbeugen. Kümmel, Majoran, Bohnenkraut, Fenchel oder Ingwer. Die Chancen stehen gut, dass sich die Darmflora bei einem regelmäßigen Verzehr von ballaststoffreichen Lebensmitteln anpasst und infolgedessen weniger Blähungen entstehen.

Ein Abwaschen der Hülsenfrüchte vor und nach dem Garen mit klarem Wasser hilft, unangenehmen Begleiterscheinungen vorzubeugen. Die sogenannten **Saponine** – oberflächenaktive sekundäre Pflanzenstoffe – werden dabei abgespült. Erkennbar ist das an der Schaumbildung beim Kontakt mit Wasser. Das Kochwasser nicht weiterverwenden.

7 Kräuter: Wildkräuter, Küchenkräuter & anderes Grün (*Green Superfoods*)

Was steckt drin?

Wildkräuter sind ganzjährig verfügbar und, wie alle Kräuter, wahre **Vitaminbomben**. Gerade im Frühjahr liefern sie uns Inhaltsstoffe, die wir im bereits lange gelagerten Gemüse des Winters vermissen, vor allem das **Vitamin C**. Viele wild gewachsene Kräuter enthalten hohe Mengen an **Bitterstoffen**, die unsere Verdauung unterstützen und das Immunsystem anregen. Ein weiterer Vorteil ist, dass uns Wildkräuter kostenlos zur Verfügung stehen, während viele andere Küchenkräuter recht teuer verkauft werden.

Wildkräuter	Küchenkräuter	Blattgrün
Bärlauch	Basilikum	Karotte
Brennnessel	Minze	Kohlrabi
Gänseblümchen	Petersilie	Mangold
Giersch	Rosmarin	Neuseeländer Spinat
Löwenzahn	Schnittlauch	Radieschen
Portulak	Thymian	Rote Rübe
Taubnessel		Spinat
Vogelmiere		

Wildkräuter sammeln

Grundsätzlich gilt es, nur Kräuter zu sammeln, die man wirklich kennt, da bei manchen Vertretern durchaus Verwechslungsgefahr mit giftigen Pflanzen besteht. In diesem Buch wurden nur die Wildkräuter ausgewählt, die einfach an ihren typischen Merkmalen zu erkennen sind. Entsprechende gut bebilderte Literatur oder die Teilnahme an Kräuterwanderungen ist empfehlenswert. Geeignete Sammelplätze sind Wälder und Wiesen, die abseits von starkem Verkehr und beliebten Hundespazierwegen liegen.

Ein besonderes Küchenkraut: die Petersilie

Sie ist das klassische Küchenkraut, das ein bisschen in Vergessenheit geraten ist. Dabei bietet sie eine hohe Nährstoffdichte, vor allem Vitamin C, Folsäure und nennenswerte Mengen an **Eisen**. Um den vollen Nutzen zu haben, gilt es, die Petersilie nicht nur als Gewürz, sondern ruhig in großzügigen Mengen oder sogar als Hauptzutat eines Gerichtes zu verwenden.

Petersilie wächst sehr gut auf dem Balkon. In Gärtnereien sind Jungpflanzen erhältlich, das Selberziehen aus Samen ist ein wenig herausfordernd.

Regionale Superfoods

Bärlauch

Brennnessel

„Wildkräuter sind ganzjährig verfügbar und wahre Vitaminbomben."

Giersch

Petersilie

Kräuter: Wildkräuter, Küchenkräuter & anderes Grün (Green Superfoods)

Löwenzahn

Karotten-grün

Kohlrabi-grün

Kräuter: Wildkräuter, Küchenkräuter & anderes Grün (Green Superfoods)

Regionale Superfoods

Neuseeländer Spinat

Mangold

Portulak

Kräuter: Wildkräuter, Küchenkräuter & anderes Grün (Green Superfoods)

Blätter der Roten Rübe

Spinat

> „Viele wild gewachsene Kräuter enthalten hohe Mengen an Bitterstoffen, die unsere Verdauung unterstützen und das Immunsystem anregen."

Taubnessel

Vogelmiere

❽ Nüsse und Samen

Was steckt drin?

Alle Samen, Saaten und Nüsse enthalten hohe Mengen an **essentiellen Fettsäuren,** die wir mit der Nahrung aufnehmen müssen, da der Körper sie nicht selbst herstellen kann. Weitere wichtige Inhaltsstoffe sind **Ballaststoffe, Vitamine und Mineralstoffe** und sekundäre Pflanzenstoffe wie **Phytosterine** und **Phenolsäuren.**

Hanfsamen	Maroni
Haselnüsse	Mohn
Kürbiskerne	Sonnenblumenkerne
Leinsamen	Walnüsse

Roh haben alle Nüsse und Samen den größten gesundheitlichen Wert, da beim Rösten einige Inhaltsstoffe verlorengehen. Allerdings ist das Röstaroma geschmacklich ein echter Gewinn für viele Speisen, und keine Angst, es bleiben immer noch genug Vitamine und vor allem Mineralstoffe übrig.

Viele Rezepte können mit ein bis zwei Esslöffeln Leinsamen, Kürbiskernen oder Mohn aufgewertet werden. Sie enthalten vor allem reichlich Ballaststoffe, von denen wir täglich 30 g aufnehmen sollten, um eine positive Wirkung auf unsere Gesundheit zu erzielen.

Maroni

Walnüsse

Sonnenblumenkerne

Hanfsamen

Haselnüsse

Mohn

Leinsamen

Kürbiskerne

❾ Wertvolle Pflanzenöle

Was steckt drin?

Mit der Verwendung hochwertiger Pflanzenöle ergänzen wir unsere Speisen um wichtige **Fettsäuren und fettlösliche Vitamine.** Hier ist Abwechslung gefragt. Besonders *Leinöl*, *Rapsöl*, *Distelöl* oder *Sonnenblumenöl* haben eine gute Fettsäurezusammensetzung. *Olivenöl* ist für seinen Gesundheitswert bekannt und geschmacklich für viele Speisen wichtig. Es zählt zu den beliebtesten Speiseölen und findet auch hierzulande in der Küche gerne Verwendung. Deshalb kommt in diesem Buch *Olivenöl* als Zutat vor, obwohl es nicht regional produziert wird. Bei den Rezepten werden jedoch immer heimische Alternativen zum Olivenöl angeführt.

In den Rezepten werden bewusst verschiedene Pflanzenöle genannt, um eine abwechslungsreiche Auswahl anzuregen. Es können aber natürlich passende Öle ganz nach Geschmack eingesetzt werden. Kaltgepresste Öle dürfen nicht erhitzt werden und sind am besten für kalte Speisen wie Salate oder Aufstriche geeignet. Native Öle dürfen bis zu 180 °C erhitzt werden. Zum Frittieren eignen sich raffinierte (warmgepresste) Speiseöle, das sind die handelsüblichen Bratöle, dies ist an der Verpackung erkennbar. Raffinierte Öle werden von unerwünschten Begleitstoffen wie trüben Teilchen gereinigt und sind so über 200 °C erhitzbar.

Fett achtsam und nicht im Übermaß verwenden, ist ein guter Weg. Es völlig zu meiden ist sowohl in gesundheitlicher als auch geschmacklicher Hinsicht nicht sinnvoll. Fette sind wichtig für die Aufnahme fettlöslicher Vitamine und Geschmacksträger.

Palmfett und Kokosfett

Diese pflanzlichen Fette werden gerne als besonders gesund angepriesen. Grundsätzlich haben sie aber ein ähnliches Fettsäuremuster wie tierische Fette, enthalten also vor allem gesättigte Fettsäuren. Auch aus ökologischen Gründen möchte ich an dieser Stelle klar zu einem niedrigen Verzehr dieser Fette und zum Kauf nachhaltig zertifizierter Produkte raten.

REZEPTE

im Frühling

MINI-FRITTATA
mit jungen Brennnesselspitzen

Zutaten

Für 4 Espressotassen zu je 90 ml

Pflanzenöl zum Einfetten der Tassen

100 g junge Brennnesselspitzen, alternativ junger Blattspinat oder Rucola

12 getrocknete Tomatenfilets

6 mittelgroße Eier

100 g Schafkäse

10 ml Vollmilch oder Schlagobers

Salz

frisch gemahlener Pfeffer

Zubereitung

Backrohr auf 150 °C Ober-/Unterhitze vorheizen. Die Tassen mit etwas Öl einfetten. Die Brennnesselspitzen und getrockneten Tomaten in feine Streifen schneiden. Die Eier in eine große Schüssel schlagen und damit verquirlen. Schafkäse grob hineinbröseln. Einen Schuss Milch oder Schlagobers zugeben und mit Salz und Pfeffer würzen. In die Tassen füllen und gleich ab ins Rohr, da sonst die festen Zutaten und die Gewürze gerne auf den Grund der Tasse sinken und es ungleichmäßig gewürzt ist. Nach etwa 8 Minuten sind sie fertig.

🅣 Nicht zu lange im Rohr lassen, da die Frittatas sonst zu trocken werden. Die Kunst bei Eigerichten ist es, den richtigen Moment zu erwischen, in dem das Ei stockt und durchgegart ist, aber noch cremig weich bleibt.

🅣 Wenn die Oberfläche der Frittatas nur ganz leicht zu bräunen beginnt, sind sie auch schon fertig.

🅣 Milch oder Schlagobers mit dem darin enthaltenen Fett machen die Frittatas besonders geschmeidig, sie können aber natürlich auch weggelassen oder durch etwas Wasser und Öl ersetzt werden.

🅣 Frittatas sind die perfekte Variante für Frühstück oder Brunch, um Übriggebliebenes vom Vortag zu verwerten. Großartig schmecken gekochte Erdäpfel, auch Pilze oder Zucchini passen sehr gut. Wichtig ist: bei wasserhaltigem Gemüse oder Pilzen ist es besser, diese zuerst separat anzubraten und dann erst in die Eimasse zu mischen, da das Ganze sonst zu wässrig wird.

Besondere Inhaltsstoffe und ihre Wirkung

Brennnesseln sind besonders reich an entzündungshemmenden und antioxidativen Inhaltsstoffen wie Bitterstoffen, Phytosterinen oder Flavonoiden. Viele flavonoidhältige Pflanzen werden in der Medizin genutzt. Brennnesseln sind – wie viele andere Wildkräuter auch – wahre Vitaminbomben und gerade im Frühling eine tolle Ergänzung im Speiseplan. Tipps zum Sammeln von Wildkräutern auf Seite 41.

Frühstück

Rezepte im Frühling

⊙⊙⊙ Vitamine   ⊙⊙⊙ Mineralstoffe   ⊙⊙⊙ sekundäre Pflanzenstoffe

FRISCHKORNMÜSLI AUS ROHEM BUCHWEIZEN
mit Granola

Zutaten

Für das Frischkornmüsli

150 g Buchweizen

lauwarmes Wasser zum Einweichen

500 g Naturjoghurt

etwas Honig oder Marmelade

eventuell 2 Handvoll Trockenfrüchte wie Marillen, Zwetschken oder Rosinen

1 Msp. Zimt

Für das Granola

200 g Hafer- und Gerstenflocken, fein oder grob

100 g gehackte Haselnüsse und Walnüsse

100 g ganze Leinsamen, Sonnenblumenkerne, Mohn, Kürbiskerne und alles, was im Vorratsschrank noch an solch wertvollen Schätzen zu finden ist

3 EL flüssiger Honig

Backpapier

Zubereitung

Den Buchweizen im Ganzen oder geschrotet für mindestens 4 Stunden oder einfach über Nacht knapp mit lauwarmem Wasser bedecken und quellen lassen. Die Körner bleiben so angenehm bissfest. Das Wasser abgießen und den Buchweizen kurz abspülen.

Für das Granola die Getreideflocken mit den Nüssen, Leinsamen, Sonnenblumenkernen, Mohn und anderen Saaten in einer Pfanne ca. 5 Minuten ohne Öl auf mittlerer Stufe anrösten und aufpassen, dass nichts anbrennt. Wenn das Müsli etwas Farbe bekommen hat und angenehm duftet, den Honig in einem dünnen Strahl darüber verteilen und gut umrühren. Anrösten, bis er etwas karamellisiert, also leicht dunkler wird, und malzig riecht. Auf ein Backpapier leeren und verteilen. Ist die Masse ausgekühlt, wird sie schön knusprig und kann in kleinere Stücke gebrochen werden.

Für das Frischkornmüsli den gequollenen Buchweizen schichtweise mit der selbst gemachten Granola in vier Gläser einfüllen. Das Naturjoghurt darübergeben. Je nach Wunsch mit Honig oder Marmelade süßen. Ein paar Trockenfrüchte im Frühling oder später im Jahr frisches Obst der Saison und eine Prise Zimt darüber schmecken wunderbar.

⊙⊙⊙ Mineralstoffe ⊙⊙⊙ Ballaststoffe ⊙○○ wertvolle Fettsäuren

❶ In ein Schraubglas gefüllt und fest verschlossen ist Granola ein tolles Mitbringsel. Es hält 3 bis 4 Wochen, sollte es überhaupt so lange überleben, und kann auch gut eingefroren werden.

❶ Wird das Granola nicht ganz fest, war der Röstvorgang bzw. die Karamellisierung nicht ausreichend. Einfach das nächste Mal wieder an die optimale Zeit herantasten.

❶ Ich mache Granola in der Pfanne, so gelingt es immer und ich umtriebiges Wesen muss nicht vor dem Backrohr Wache halten, damit das Ganze nicht anbrennt.

❶ Frischkornmüsli schmeckt ausgezeichnet, macht lange satt und ist eine tolle Ergänzung im Speiseplan. Durch den Verzehr von rohem Getreide sind andere Nährstoffe verfügbar als in einem gekochten Getreidebrei. Geeignet sind neben Buchweizen auch Hafer, Gerste oder Weizen. Diese sollten vor dem Einweichen grob geschrotet werden, da sie sonst sehr bissfest bleiben.

❶ Buchweizen ist für eine glutenfreie Ernährung geeignet, er ist also bei entsprechender Unverträglichkeit eine gute Alternative. Weitere Informationen zum Buchweizen gibt es auf Seite 35.

Besondere Inhaltsstoffe und ihre Wirkung

β-Glucane aus Hafer oder Gerste lassen den Blutzuckerspiegel nach der Mahlzeit nur langsam ansteigen und sättigen damit gut und lange. Die allgemein beruhigende Wirkung dieser Getreide auf die Verdauungsorgane ist schon lange bekannt und manchen vielleicht noch durch die Hafer- und Gerstenschleimsuppe bei Magen-Darm-Erkrankungen in Erinnerung.

Frischkornmüsli aus rohem Buchweizen mit Granola

Frühstück

Rezepte im Frühling

Würzige Brotchips mit Hummus-Dreierlei

WÜRZIGE BROTCHIPS
mit Hummus-Dreierlei

Zutaten

Für die Brotchips
- 3 EL Sonnenblumenöl
- 1 kleine Chili
- 1 Rosmarinzweig
- grobes Meersalz
- 100 g Brot vom Vortag

Klassischer Hummus (Basismasse)
Diese Menge reicht für alle 3 Hummusvarianten
- 300 g getrocknete Kichererbsen (ergibt 750 g gekocht)
- 5 EL Walnuss-Mus oder Tahin (Sesampaste)
- Saft von 2 Zitronen oder Limetten
- 2 Knoblauchzehen
- 100 ml Pflanzenöl (kaltgepresstes Raps- oder Distelöl)
- 1 TL gemahlener Kreuzkümmel
- Salz
- frisch gemahlener Pfeffer

Für den pinken Hummus
- 200 g Rote Rüben (gekocht, geschält)
- 150 g der Basismasse
- Saft von 1 Zitrone oder Limette
- 2 EL Kren
- Salz
- frisch gemahlener Pfeffer

Für den grünen Hummus
- 1 Bund frische Petersilie
- 300 g der Basismasse
- 1 kleine frische Chili
- Salz
- frisch gemahlener Pfeffer

Zubereitung

Für die Brotchips das Backrohr auf 180 °C Ober-/Unterhitze vorheizen. Sonnenblumenöl mit klein gehackter Chili, Rosmarin und grobem Meersalz mischen. Brot in feine Scheiben schneiden, auf ein Backpapier auflegen und mit dem Kräuter-Chili-Öl bestreichen. Für etwa 15 Minuten ins Rohr geben, ab und zu wenden.

Für den klassischen Hummus die Kichererbsen über Nacht in lauwarmem Wasser einweichen und am nächsten Tag in leicht gesalzenem Wasser etwa 1 Stunde kochen. In den Mixer oder in ein schmales Gefäß für den Pürierstab geben. Sesampaste, Zitronen- oder Limettensaft und die geschälte Knoblauchzehe dazugeben. Mixen und das Öl langsam einfließen lassen. Eventuell ein wenig lauwarmes Wasser dazugeben, damit der Mixer gut greifen kann. So lange mixen, bis eine cremige Konsistenz erreicht ist. Mit einer Prise Kreuzkümmel, Salz und Pfeffer abschmecken.

Für den pinken Hummus die Roten Rüben mit der Schale in wenig leicht gesalzenem Wasser kochen, bis sie weich sind. Noch geschmackvoller und fester wird diese Hummusvariante, wenn die Roten Rüben geschält, in grobe Würfel geschnitten und bei 180 °C Ober-/Unterhitze im Backrohr etwa 40 Minuten gegart werden.

Etwas auskühlen lassen, wenn noch vorhanden, die Schale entfernen und klein schneiden. Anschließend mit dem Stabmixer pürieren und mit 150 g der Basismasse mischen. Mit reichlich frisch geriebenem Kren abschmecken.

Für den grünen Hummus die Petersilie grob hacken und mit 300 g der Basismasse fein pürieren. Chili fein hacken und unterrühren. Abschmecken.

⊙⊙○ Vitamine   ⊙⊙○ Mineralstoffe   ⊙⊙⊙ Ballaststoffe   ⊙⊙○ sekundäre Pflanzenstoffe   ⊙⊙○ wertvolle Fettsäuren

❶ Schauen, wo's herkommt! Kichererbsen, regional? Das Angebot an österreichischen Kichererbsen steigt jährlich – vor allem im Biobereich.

❶ Wenn man die Kichererbsen in größeren Mengen kocht und noch heiß in saubere Gläser abfüllt, ist das selbst hergestellte „Fertigprodukt" gut haltbar und immer griffbereit.

❶ Schälen oder nicht schälen? In vielen Rezepten muss sie runter, die Schale der Kichererbsen. Das macht Sinn, wenn die Konsistenz des Hummus superfein sein soll oder Kinder im Haushalt sind und beschäftigt werden wollen. Sie finden diese Aufgabe meist sehr lustig. Ernährungsphysiologisch betrachtet gehen mit der Außenhaut große Mengen an wertvollen Vitaminen und Ballaststoffen verloren. Bleibt die Schale dran, gibt es folglich mehr Inhalt für weniger Arbeit, das mag ich. Mit der verarbeiteten Schale hat Hummus eine angenehme, leicht körnige Konsistenz.

❶ Brotchips sind eine wunderbare Möglichkeit, um trockenes Brot zu verwerten, bevor es im Abfall landet!

❶ Hummus aus getrockneten Kichererbsen selbst zu machen, ist aufwändiger als mit vorgekochten Kichererbsen, es zahlt sich aber aus. Die Trockenware ist wesentlich günstiger und es ist die umweltschonendere Variante – ohne Dose oder Einwegglas als Verpackungsmüll. Gekaufter Hummus ist bis zu sechsmal teurer als selbst gemachter. Als Konservierungsstoff wird meist Sorbinsäure eingesetzt, worunter der Gesamtgeschmack sehr leidet.

Bei gekaufter Ware empfehle ich vorgekochte Kichererbsen in Bioqualität. Sie sind auch aus heimischer Produktion erhältlich und meist sehr weich gegart, was für den Hummus perfekt ist.

Besondere Inhaltsstoffe und ihre Wirkung

Knoblauch! Man kann ihn mögen oder nicht. Rein gesundheitlich betrachtet ist Knoblauch großartig. Die enthaltenen sekundären Pflanzenstoffe wie Sulfide wirken antibakteriell, entzündungshemmend und gegen Pilze (fungizid). Wichtig für diese Wirkung ist allerdings der regelmäßige Verzehr von Knoblauch. Im rohen Zustand und nach dem Zerkleinern enthält Knoblauch die meisten sekundären Pflanzenstoffe. Wer es lieber mild mag oder einen empfindlichen Magen hat, schneidet ihn besser mit dem Messer fein. Interessant: Das typische Aroma der Knolle konnte vor kurzem erstmals sogar in Muttermilch knoblauchessender, stillender Mütter nachgewiesen werden.

KAROTTEN-SAUERMILCH-SMOOTHIE

Für 4 Smoothies

- 4 mittelgroße Karotten
- 1 Apfel
- Saft von 1 Zitrone
- 500 ml Sauermilch
- 50 g Sonnenblumenkerne
- 2 TL Leinöl
- etwas Honig zum Süßen
- eventuell etwas Apfelsaft oder Wasser zum Verdünnen

Zubereitung

Karotten und Apfel waschen und nur dann schälen, wenn sie braune Stellen aufweisen. So bleiben alle wertvollen Vitamine und Ballaststoffe, die in und unter der Schale sitzen, erhalten. Anschließend grob würfeln und in einen Standmixer füllen. Etwas Zitronensaft hinzufügen. Erst mit wenig Sauermilch mixen, sodass die Messer gut greifen können. Dann die Sonnenblumenkerne mitmixen und erst, wenn eine feincremige Konsistenz erreicht ist, die restliche Sauermilch und den Schuss Leinöl dazugeben. Nach Belieben mit etwas Honig süßen.

- Die Sonnenblumenkerne können vorab auch angeröstet werden, dann schmecken sie noch intensiver, die entstehenden Röststoffe sättigen zusätzlich.

- Für eine dünnflüssigere Mischung einfach ein wenig Apfelsaft oder – das ist die fruchtzuckerarme Variante – Wasser hinzufügen.

- Die Ergänzung mit Leinöl und Sonnenblumenkernen sorgt für ungesättigte Fettsäuren und wertvolle Mineralstoffe wie Eisen, Magnesium und Ballaststoffe. Ein rundum gesunder Start in den Tag also.

Besondere Inhaltsstoffe und ihre Wirkung

Lebende Kulturen an Milchsäurebakterien aus der Sauermilch unterstützen unseren Verdauungstrakt, indem sie eine gesunde Darmflora fördern. Sie steigern zusätzlich die Verträglichkeit von Milchzucker/Laktose, den viele Menschen aufgrund eines Enzymmangels nicht abbauen können.

Frühstück

Rezepte im Frühling

⊙⊙⊙ Vitamine   ⊙⊙⊙ Mineralstoffe   ⊙⊙○ Ballaststoffe   ⊙⊙⊙ wertvolle Fettsäuren

ROLLGERSTEN-SUPPE
in Frühlingslaune

Zutaten

- 150 g Rollgerste
- 2 Pastinaken
- 1 Petersilienwurzel
- 1 Karotte
- 3 EL Pflanzenöl
- 500 ml heißes Wasser oder Gemüsebrühe (Suppenwürze → Rezept Seite 198)
- 1/4 Kohlkopf (200 g)
- 50 g Pak Choi oder andere Asia-Salate wie Chinakohl, Mizuna oder rotblättriger Blattsenf, alternativ Jungspinat oder Vogerlsalat
- 1 kleiner Bund Schnittlauch
- 4 mittelgroße Eier
- 1 Schuss Essig zum Pochieren
- Salz
- frisch gemahlener Pfeffer

Zubereitung

Die Gerste in Salzwasser etwa 15 Minuten kochen. Währenddessen die Pastinaken und Petersilienwurzeln schälen. Die Karotten von eventuellen braunen Stellen reinigen und waschen. Alles Wurzelgemüse würfelig schneiden und in Pflanzenöl anrösten. Mit 500 ml heißem Wasser aufgießen und auf mittlerer Stufe etwa 10 Minuten köcheln lassen. Beim Kohl den Strunk entfernen und die Blätter gemeinsam mit dem Pak Choi in Streifen schneiden. Die gekochte Gerste abgießen und kurz mit kaltem Wasser abschrecken.

Die Eier weich kochen (siehe Tipp) und vorsichtig schälen oder die Eier pochieren. Dafür die Eier aufschlagen und sanft in leicht siedendes Wasser, das mit einem Schuss Essig versehen wurde, gleiten lassen. Für 3 Minuten kochen. In der Zwischenzeit in vier Schüsseln die Suppe mit der Gerste und geschnittenem Schnittlauch anrichten. Je ein Ei hineinsetzen und schmecken lassen.

T Eier richtig kochen: In vielen Rezepten als „Hobbykoch"-Stufe eingeteilt, ist es schwerer, als man denkt, das perfekte weiche Ei zu kochen. Und nicht nur im privaten Haushalt gab es schon diverse Fehlversuche, sehr oft lacht mich auch in Frühstückslokalen der entweder zu harte oder zu weiche Inhalt der schönen Schale an. Die Größe und die Kühlung machen einen großen Unterschied. Für ein perfekt wachsweiches Eidotter hat sich bei einem mittelgroßen bis großen Ei aus dem Kühlschrank die Garzeit von 6 Minuten im leicht siedenden Wasser bewährt. Um zu vermeiden, dass die Schale springt, die kalten Eier kurz unter warmes Leitungswasser halten und dann erst vorsichtig in das heiße Wasser setzen. Nach der Kochzeit kurz mit sehr kaltem Wasser abschrecken, dann löst sich das Ei optimal von der Schale und gart nicht mehr nach.

Pak Choi und andere Asia-Salate findet man immer häufiger aus österreichischem Anbau in gut sortierten Supermärkten und auf Wochen- oder Bauernmärkten. Auch einige Gärtnereien bieten die Salate an. Da sie sehr kälteresistent sind, liefern sie uns bereits im Frühjahr als Jungpflanzen, aber auch in der eisigen Jahreszeit frische Vitamine. Ein Anbau im eigenen Garten oder als Jungblatt-Form („baby leaf") am eigenen Balkon ist möglich.

Besondere Inhaltsstoffe und ihre Wirkung

Gerste und Ei liefern wertvolles und leicht verdauliches Eiweiß. Die Pastinake enthält reichlich Ballaststoffe, die lange sättigen und unseren Verdauungstrakt unterstützen. B-Vitamine, Kalzium, Zink und Jod machen das Wurzelgemüse zusätzlich zu einer perfekten Zutat für den gesunden Start in den Frühling.

Hauptspeisen

Rezepte im Frühling

⊙⊙○ Vitamine ⊙⊙⊙ Mineralstoffe ⊙⊙○ Ballaststoffe ⊙⊙○ sekundäre Pflanzenstoffe

WILDER SALAT
mit Frühlings-kräutern

Zutaten

250 g gemischte Wildkräuter wie Bärlauch, Vogelmiere, Giersch, Gänseblümchen, Löwenzahn oder Gundelrebe, junge Birken-, Haselnuss-, Buchen- oder Lindenblätter

100 g gemischter Salat wie Vogerlsalat, Rucola, junge Rote Rüben- oder Radieschenblätter

1 Handvoll essbare Blüten wie Löwenzahn, Gänseblümchen, Wiesenschaumkraut oder Kapuzinerkresse

1 Apfel

1 Birne

1 Dillezweig

1 Minzezweig

5 EL Apfelessig

1 EL Senf

5 EL Leinöl, alternativ Sonnenblumenöl

Salz

frisch gemahlener Pfeffer

Zubereitung

Die Wildkräuter und den Salat waschen und trocken schleudern. Die Blüten abzupfen und auf lebendes Beiwerk wie kleine Insekten untersuchen. Apfel und Birne waschen, entkernen und in Scheiben schneiden. Dille und Minze klein zupfen. Den Apfelessig, Senf, Salz und Pfeffer mit dem Öl verrühren. Den Salat mit den Obstspalten, der Marinade und den Kräutern mischen und mit den Blüten anrichten.

❶ Nur die Wildkräuter sammeln, die bekannt sind. Die im Rezept verwendeten Pflanzen sind für Sammelanfänger bestens geeignet. Der Salat lässt sich aber natürlich beliebig erweitern, je nachdem, was da draußen gerade grünt und gedeiht. Die Wildkräuter möglichst frisch verarbeiten.

❶ Die Blüten fallen leider beim Waschen stark zusammen. Am besten entweder auf das Waschen verzichten oder nach dem Waschen gut abtropfen lassen und anschließend klein zupfen, das sieht auch schön aus.

Besondere Inhaltsstoffe und ihre Wirkung

Die Senfölglycoside in Wildkräutern unterstützen unser Immunsystem und wirken stark antibakteriell. Wildkräuter sind im Frühjahr eine unschlagbare Quelle für wertvolle Inhaltsstoffe, wenn die Auswahl an frischen regionalen Produkten noch klein ist.

Hauptspeisen

Rezepte im Frühling

⊙⊙⊙ Vitamine   ⊙⊙⊙ Mineralstoffe   ⊙⊙○ Ballaststoffe   ⊙⊙⊙ sekundäre Pflanzenstoffe   ⊙○○ wertvolle Fettsäuren

CREMIGES EINKORN-RISOTTO
mit Pilzen und Rucolaschaum

Zutaten

Für das Risotto

- 150 g Kräuterseitlinge
- 1 kleiner Bund Petersilie
- 1 Bund Suppengemüse mit Porree, Karotten, Petersilienwurzel, Knollensellerie, Pastinake
- 2 Knoblauchzehen
- 2 EL Öl
- 250 g Einkornreis
- 250 ml Weißwein
- 1/2 Liter heißes Wasser oder Gemüsebrühe (*Suppenwürze* → Rezept Seite 198)
- Saft von 1 Zitrone
- 150 g würziger Hartkäse, z.B. Bergkäse
- 1 Handvoll Petersilienblätter

Für den Schaum

- 1 Handvoll Rucola
- 150 ml Schlagobers

- Salz
- frisch gemahlener Pfeffer

Zubereitung

Für das Risotto die Pilze grob schneiden. Die Petersilie hacken. Den Porree und das Wurzelgemüse fein schneiden und gemeinsam mit dem gepressten Knoblauch in etwas Öl anrösten. Der Topf sollte einen größeren Durchmesser haben, dadurch wird das Risotto schneller gar. Den Einkornreis kurz mitrösten. Mit Weißwein ablöschen. Gut umrühren und auf kleiner Hitze köcheln lassen. Mit Salz und Pfeffer würzen. Nach und nach heiße Gemüsebrühe oder gesalzenes Wasser nachgießen und ständig weiterrühren. Hier ist ein bisschen Geduld gefragt. Den Einkornreis nach etwa 15 Minuten probieren, ob er angenehm bissfest ist. Gegebenenfalls noch etwas Flüssigkeit nachgießen und weitere 5 Minuten köcheln lassen. Die Pilze hineingeben und ein paar Minuten mitgaren lassen. Abschließend die gehackte Petersilie, den Zitronensaft und den geriebenen Hartkäse dazugeben. Abschmecken.

Für den Schaum den Rucola grob schneiden und mit Schlagobers aufmixen. Gemeinsam mit dem Risotto anrichten. Ein paar Stück fein gehobelter Käse und frisch geschnittene Petersilie runden Optik und Geschmack ab.

> **T** Nicht zu viel Flüssigkeit auf einmal dazugießen, sonst erreicht das Risotto nicht die nötige Cremigkeit.

Besondere Inhaltsstoffe und ihre Wirkung

Alte Getreidesorten liefern ein Plus an wertvollen Inhaltsstoffen. Der Gehalt an Aminosäuren, Mineralstoffen und Vitaminen wie β-Carotin ist in Einkorngetreide deutlich höher als beispielsweise in Weizen. Der Rucola ergänzt das Gericht um Senföle, die ein aktives Immunsystem unterstützen.

Hauptspeisen

Rezepte im Frühling

⊙⊙○ Vitamine   ⊙⊙⊙ Mineralstoffe   ⊙⊙⊙ Ballaststoffe   ⊙⊙○ sekundäre Pflanzenstoffe

Einfach & schnell: REGENBOGENGEMÜSE AUS DEM ROHR

Zutaten

- 200 g Pastinaken
- 500 g bunte Karotten (orange, gelb, violett)
- 1 kg bunte Erdäpfel (violett, rosa, gelb)
- 40 ml Pflanzenöl
- 1 TL Paprikapulver
- 30 ml Leinöl
- Salz
- frisch gemahlener Pfeffer
- Backpapier

Zubereitung

Backrohr auf 180 °C Ober-/Unterhitze vorheizen. Pastinaken schälen, Karotten nur waschen und braune Stellen ausschneiden. Beides in mundgerechte Stücke schneiden. Erdäpfel waschen und vierteln. Alles zusammen in einer Schüssel mit dem Pflanzenöl vermischen und mit Paprikapulver, Salz und Pfeffer würzen. Auf einem Backpapier verteilen und für 20 Minuten in das Rohr geben. Zwischendurch vorsichtig umrühren. Abschließend noch das Leinöl unterrühren.

❶ Als Beilage passt sehr gut ein frischer, saisonaler Wildkräuter-Salat (Seite 60) oder ein Minzjoghurt zum Dippen (Seite 76).

❶ Auf den verschiedenen Märkten und auch immer häufiger im Supermarkt gibt es ein schönes und vielfältiges Angebot an bunten Gemüsesorten wie violetten Karotten und Erdäpfeln oder gelben und weißen Formen der Roten Rübe.

Besondere Inhaltsstoffe und ihre Wirkung

Carotinoide für Orange und Rot, Chlorophyll für Grün, Anthocyane und andere Flavonoide für Violett, Gelb und Braun: Die Farbenpracht der verschiedenen Sorten liefert uns ein breites Spektrum an wertvollen Inhaltsstoffen, die alle unterschiedliche gesundheitsfördernde Eigenschaften haben. Einige sind stark antioxidativ, antibakteriell oder entzündungshemmend.

Hauptspeisen

Rezepte im Frühling

◉◉◉ Mineralstoffe ◉◉◯ Ballaststoffe ◉◉◯ sekundäre Pflanzenstoffe ◉◉◉ wertvolle Fettsäuren

Eine Schüssel voll Glück – MANGOLDBOWL

Zutaten

- 400 g buntstieliger Mangold (gelb, rot, orange, grün)
- 4 Schalotten
- 2 Topinamburknollen
- 4 Erdäpfel
- 3 EL Pflanzenöl
- 2 Knoblauchzehen
- 50 g Sonnenblumenkerne
- 1 Zitrone
- Salz
- frisch gemahlener Pfeffer

Zubereitung

Den Mangold waschen und in mundgerechte Stücke schneiden. Die Schalotten schälen und grob würfeln. Die Topinamburknollen und Erdäpfel schälen und in Würfel schneiden. Die Schalotten in einer Pfanne in Öl gemeinsam mit den Sonnenblumenkernen anrösten. Topinambur und Erdäpfel dazugeben. Den Knoblauch schälen, in die Pfanne pressen oder klein schneiden. Mangold dazugeben und kurz mitrösten, mit Salz und Pfeffer würzen. So lange dünsten lassen, bis die eigene Flüssigkeit verdampft ist und eine cremige Konsistenz durch die Erdäpfel entstanden ist. Kurz vor dem Anrichten den Saft einer Zitrone einrühren und genießen.

❶ Im Grunde lassen sich hier viele Zutaten bunt mischen. Die Glücksschüssel ist ein hervorragendes Rezept, um bereits angeschnittenes, trauriges Gemüse aus dem Kühlschrank zu verwerten. Guter Geschmack und gutes Gefühl garantiert!

❶ Heurige Erdäpfel schmecken hervorragend mit der Schale. Allerdings gibt es sie nur in einem gewissen Zeitraum. Erdäpfel mit dicker Schale zu essen, ist Geschmackssache. Aus ernährungsphysiologischer Sicht ist es sinnvoll, die Schale mitzuessen, da viele Ballaststoffe enthalten sind. Das gilt in erster Linie für Bio-Erdäpfel. In der konventionellen Herstellung können Rückstände von Keimhemmern in der Schale enthalten sein.

❶ Der bunte Mangold ist auf vielen österreichischen Märkten und in gut sortierten Supermärkten erhältlich. Natürlich kann aber auch nur der grüne Mangold für dieses Rezept eingesetzt werden.

Besondere Inhaltsstoffe und ihre Wirkung

Mangold und Topinambur sind reich an Ballaststoffen und den Mineralstoffen Kalzium und Eisen. Das Vitamin C aus der Zitrone erhöht die Eisenaufnahme aus dem Darm und mildert den erdigen Geschmack des Mangolds.

Hauptspeisen

Rezepte im Frühling

⊙⊙⊙ Mineralstoffe　　⊙⊙⊙ Ballaststoffe　　⊙○○ sekundäre Pflanzenstoffe

GEFÜLLTE PORTOBELLO-PILZE
mit Petersilien-Gremolata und Schafkäse

Zutaten

Für die Pilze

4 Stück Portobello-Pilze oder große braune Champignons

2 gelbe Zwiebeln

3 EL Pflanzenöl

250 g Schafkäse

5 EL Semmelbrösel

1 EL Senf

Für die Gremolata

1 Bund frische Petersilie

Saft von 1 Zitrone

100 ml Leinöl, alternativ kaltgepresstes Rapsöl

1 Chili

Salz

frisch gemahlener Pfeffer

Zubereitung

Für die Pilze das Backrohr auf 180 °C Ober-/Unterhitze aufheizen. Eventuell vorhandene Stiele der Pilze vorsichtig von den Hüten ziehen und klein hacken. Die gewaschenen Hüte der Portobello-Pilze mit etwas Pflanzenöl bestreichen, salzen und pfeffern. Die Zwiebeln schälen, fein würfelig schneiden und im restlichen Öl anrösten. Die Stiele hinzufügen und mitrösten. In eine Schüssel geben und den Schafkäse grob mit den Fingern zerkleinern und untermengen. Mit Semmelbröseln verrühren und mit Salz, Pfeffer und Senf würzen. Die Hüte mit der Öffnung nach oben auf ein Backblech mit Backpapier setzen und reichlich Füllung hineingeben. Etwa 15 Minuten im Rohr braten.

Für die Gremolata die Petersilie fein hacken und mit dem Zitronensaft, dem Olivenöl und gehackter Chili verrühren. Auf die fertig gebackenen gefüllten Pilze großzügig Gremolata setzen und servieren.

❶ Als Beilage passen hier würzige Salate oder auch einfach Weißbrot, mit dem man den köstlichen Saft vom Backblech aufnehmen kann.

❶ Glattblättrige Petersilie enthält mehr ätherische Öle als die gekrausten Formen. Beim Erhitzen verliert sie an Aroma und Vitaminen, weshalb sie am besten nicht mitgekocht werden sollte.

Besondere Inhaltsstoffe und ihre Wirkung

Petersilie enthält reichlich Vitamin C und E, beide sind stark antioxidativ wirksame Substanzen. Pilze sind reich an Vitamin D, das in europäischen Ländern immer mehr zu einem Mangelvitamin wird, da wir viel Zeit in geschlossenen Räumen verbringen. Vitamin D verstärkt die Aufnahme von Kalzium, das uns die Petersilie in großen Mengen schenkt. Also ein Plus für unsere Knochengesundheit, dieses Rezept. Und vielleicht geht sich nach dem Essen auch noch ein kleiner Spaziergang bei Tageslicht aus.

Hauptspeisen

⊙⊙⊙ Vitamine ⊙⊙⊙ Mineralstoffe ⊙⊙⊙ Ballaststoffe ⊙⊙○ wertvolle Fettsäuren

FRÜHLINGSSALAT
mit scharfen Sprossen und Ei

Zutaten

- 4 Eier
- 200 g verschiedene Asia-Salate wie Pak Choi, Mizuna, Blattsenf
- 100 g milder Blattsalat wie Lollo Bianco oder Eichblattsalat
- 1/2 Bund Radieschen
- 100 g Walnüsse
- 150 g Radieschen- oder Rettichsprossen oder Mischung aus beiden
- 5 EL Apfelessig
- 4 EL Distelöl
- 2 EL scharfer Senf
- Salz
- frisch gemahlener Pfeffer

Zubereitung

Die Eier ca. 10 Minuten hart kochen, kalt abschrecken, schälen und vierteln. Salate waschen und gut abtropfen lassen oder trocken schleudern. In mundgerechte Stücke zupfen. Die Radieschen waschen, halbieren und in feine Scheiben schneiden. Die Walnüsse grob brechen oder hacken und in einer Pfanne ohne Öl anrösten, bis sie goldbraun sind. Mit den gewaschenen Sprossen unter den Salat mischen.

Essig, Öl und Senf mit einem Pürierstab aufmixen. Mit Salz und Pfeffer abschmecken. Für eine schöne frische Farbe kann etwas Radieschengrün oder Asia-Salat dazugemixt werden. Die Salatblätter mit dem Dressing marinieren. Die Eierspalten darauflegen.

T Sprossen von Radieschen und Rettich lassen sich ganz leicht selber ziehen. Es dauert nur 4–5 Tage vom Samen zum kleinen superscharfen Pflänzlein.

T Für einen süßen Extra-Crunch, der wunderbar mit der Schärfe der Sprossen harmoniert, sorgen die Walnüsse, wenn sie vorher karamellisiert werden. Dafür 1 Esslöffel Zucker in einer sehr heißen Pfanne schmelzen lassen, die Nüsse dazugeben, bis sie vom Karamell ummantelt sind und dann auf ein Backpapier zum Abkühlen stürzen. Auseinanderbrechen und über den Salat streuen.

Tipps zum Eierkochen auf Seite 58.

I Asia-Salate lassen sich wunderbar am Balkon oder im Garten selber ziehen. Sie sind kältetolerant, halten einige Minusgrade aus und sind somit großartige Freilandsalate für das ganze Jahr, insbesondere aber für den Winter. Wer nicht die Möglichkeit hat, selbst zu gärtnern, wird inzwischen bei immer mehr Gärtnereien mit Direktverkauf von Gemüse oder in Hofläden fündig. Einfach einmal nachfragen.

Besondere Inhaltsstoffe und ihre Wirkung

Die Senfölglycoside aus Asia-Salaten und Radieschen wirken gegen Bakterien, Viren und Pilze. Sie helfen unserem Immunsystem. Nüsse und Distelöl versorgen uns mit wertvollen Omega-3-Fettsäuren.

Hauptspeisen

⊙⊙⊙ Vitamine ⊙⊙⊙ Mineralstoffe ⊙⊙⊙ Ballaststoffe ⊙⊙⊙ sekundäre Pflanzenstoffe ⊙⊙○ wertvolle Fettsäuren

SAUERKRAUT-HIRSE-LAIBCHEN
mit Erdäpfelpüree

Zutaten

Für die Laibchen

150 g Hirse

150 g Sauerkraut
(selbst gemacht → Rezept Seite 74)

1 Ei

1 Prise gemahlener Kümmel

3 EL Semmelbrösel

Für das Püree

800 g mehlige Erdäpfel

1/8 l heiße Milch

1 Prise frisch geriebene Muskatnuss

1 EL Butter

Salz

frisch gemahlener Pfeffer

Zubereitung

Für die Laibchen Hirse ca. 15 Minuten in Salzwasser kochen, in ein feines Sieb abgießen, kurz abschrecken und gut abtropfen lassen. Das Sauerkraut abtropfen lassen und mit einem scharfen Messer mehrmals durchhacken. Mit der Hirse mischen, das Ei dazugeben, mit Salz, Pfeffer und Kümmel würzen und gut verrühren. Ist die Konsistenz zu weich, um schöne Laibchen zu formen, einfach mit ein wenig Semmelbröseln ausgleichen.

Laibchen aus der Masse formen. Dabei gleichmäßig fest drücken, damit sie gut zusammenhalten. Das Öl in einer Pfanne heiß machen und die Laibchen kross anbraten. Dabei nicht zu sehr hin und her wenden, dann bleiben sie kompakter und nehmen weniger Fett auf.

Für das Püree die Erdäpfel schälen und in etwa gleich große Stücke schneiden. In Salzwasser kochen, bis sie schön weich sind. Das Wasser abgießen und die Stücke kurz im heißen Topf nachziehen lassen, damit das Restwasser vollständig verdampft. Erdäpfel noch warm durch eine Erdäpfelpresse zurück in den Topf drücken oder mit dem Stampfer zerdrücken. Mit dem Schneebesen und unter ständigem Rühren Milch zugeben, bis eine angenehme Konsistenz erreicht ist. Mit geriebener Muskatnuss, einem Stück Butter und Salz verfeinern.

Die knusprigen Laibchen mit Püree anrichten. Hübsch sieht es aus, wenn man mit 2 Esslöffeln eine Nocke aus dem Püree formt.

> ❶ Ein paar Blätter Asia-Salate mit ein wenig Essig und Öl mariniert sorgen nicht nur optisch für einen Farbtupfer, bei dem sonst eher dezenten Gericht, sie bringen auch eine feine Frische mit ihrem leicht scharfen Geschmack.

Besondere Inhaltsstoffe und ihre Wirkung

Hirse eignet sich für die glutenfreie Ernährung. Sie versorgt uns mit wichtigen Aminosäuren und mehrfach ungesättigten Fettsäuren. Von allen Getreidearten hat Hirse den höchsten Eisengehalt, dadurch ist sie besonders wertvoll für die vegetarische und vegane Küche.

Hauptspeisen

☉☉☉ Vitamine ☉☉☉ Mineralstoffe ☉☉☉ Ballaststoffe ☉☉○ wertvolle Fettsäuren

SAUERKRAUT SELBST GEMACHT —
im Einmachglas

Zutaten

Für 2 Gläser (je 500 ml)

1 kg Weißkraut
15 g Salz
1 EL g ganzer Kümmel
10 Wacholderbeeren
2 saubere Schraubgläser mit großer Öffnung

Zubereitung

Das Weißkraut von den äußersten Blättern befreien, diese entsorgen. Die nächsten zwei bis drei schönen Blätter aufheben, sie werden zum Abdecken des Sauerkrauts verwendet. Das restliche Kraut vierteln und fein hobeln oder schneiden. In einer Schüssel gut mit dem Salz, Kümmel und Wacholderbeeren vermischen und fest kneten. Etwas ziehen lassen.

Die Gläser und Schraubdeckel mit heißem Wasser abkochen oder im Backrohr bei 100 °C etwa 30 Minuten sterilisieren. Das Kraut richtig fest in die Gläser drücken, so tritt der zelleigene Saft gut aus. Je länger gequetscht wird, umso besser und schneller findet die Fermentation statt. Immer wieder Kraut nachfüllen und quetschen, bis zur breitesten Stelle des Glases, knapp unter der Öffnung. Von oben mit einem Krautblatt abdecken und dieses fest hineindrücken, sodass das ganze Kraut und das Krautblatt mit Flüssigkeit bedeckt sind.

Die Gläser mit Schraubdeckeln (nicht zu fest) verschließen, von außen mit Wasser reinigen und in eine Schale stellen, da die Gläser bei der Gärung etwas übergehen. Das ist notwendig, damit das Kraut gut gegen Sauerstoff abgeschlossen ist. Die ersten 3 Tage an einem warmen Ort stehen lassen. Die nächsten 3 Wochen bei Zimmertemperatur und dunkel lagern. Dann ist es essfertig. Wieder außen mit Wasser abspülen. Anschließend kühl lagern. Das Sauerkraut schmeckt nach 2 Wochen bereits gut, es hält aber mindestens 1 Jahr.

Besondere Inhaltsstoffe und ihre Wirkung

Durch die Gärung (Fermentation) wird das Kraut bekömmlich und die Verfügbarkeit verschiedener Mineralstoffe verbessert. Sauerkraut ist sehr reich an Vitamin C, je kürzer die Kochzeit, umso mehr Vitamin C bleibt erhalten. Durch eine lange Fermentationszeit kann das Kraut ohne Vitaminverlust mürbe werden. Die durch Milchsäurebakterien entstehende Milchsäure fördert das Wachstum von wichtigen Darmbakterien.

❶ Das Kraut nicht waschen, denn die für die Gärung wichtigen Milchsäurebakterien sitzen auf den Blättern und warten nur darauf, aktiv zu werden. Ein Waschen der Blätter würde diese guten Bakterien reduzieren. Das Wachstum unerwünschter Bakterien wird durch den Zusatz von Salz und die entstehende Säure gehemmt.

❶ Ist man erst einmal auf den Geschmack gekommen und möchte größere Mengen Sauerkraut herstellen, zahlt es sich aus, einen eigenen Gärtopf zu besorgen.

❶ Eine weitere Lagerung bis zu einem Jahr ist möglich und verfeinert das Kraut. Danach setzt häufig eine leichte Braunfärbung ein. Das Sauerkraut kann dann noch eingefroren werden.

❶ Keine Angst, die Gläser platzen nicht, wenn die Schraubdeckel nicht ganz geschlossen sind. Das entstehende Kohlendioxid kann entweichen.

SCHARFES LINSENDAHL
mit Minzjoghurt

Zutaten

Für das Linsendahl

- 2 Zwiebeln
- 2 Karotten
- 1 kleines Stück Knollensellerie
- 1 Petersilienwurzel
- 3 EL Sonnenblumenöl
- 3–4 EL Currypaste
- 2 EL Essig
- etwa 250 ml Wasser
- 250 g rote Linsen
- gemahlener Kreuzkümmel
- 1 getrocknete rote Chili
- Salz
- frisch gemahlener Pfeffer

Für das Minzjoghurt

- 1 Handvoll Minzblätter
- 250 ml Naturjoghurt mit beliebigem Fettgehalt
- Saft von 1 Zitrone
- 1 Prise Salz

Hülsenfrüchte sind in der pflanzlichen Küche eine wichtige Quelle für Eiweiß und Eisen. Die enthaltenen Ballaststoffe unterstützen die Verdauung.

Zubereitung

Zwiebeln schälen und klein schneiden. Wurzelgemüse waschen und wenn nötig schälen. Würfelig schneiden. Alles zusammen in etwas Pflanzenöl goldbraun anrösten. Currypaste dazugeben und 2 Minuten mitrösten. Mit Essig ablöschen. Mit heißem Wasser aufgießen, Linsen einrühren und etwa 15 Minuten kochen lassen. Am Ende der Garzeit sollte nur noch wenig Flüssigkeit im Topf sein. Mit Salz, Pfeffer und Kreuzkümmel würzen. Chili klein hacken und je nach Geschmack zugeben. In einer großen vorgewärmten Schüssel anrichten. Bei diesem Gericht bietet es sich an, dass jeder selbst bei Tisch seine Portion herausschöpft. Dahl ist ein richtiges Gemeinschaftsessen.

Für das Minzjoghurt die Minze fein schneiden. Das Joghurt mit dem Zitronensaft, einer Prise Salz und der Minze verrühren und einen großzügigen Löffel davon auf das angerichtete Linsendahl setzen.

Besondere Inhaltsstoffe und ihre Wirkung

❶ Linsen harmonieren gut mit Säure in Form von Zitronensaft oder Essig. Die Säure unterstützt zusätzlich bei der Verdauung.

❶ Rote und gelbe Linsen müssen nicht eingeweicht werden, sie garen sehr schnell und zerfallen zu einer cremigen Konsistenz.

❶ Bei empfindlichem Verdauungstrakt hilft es, die Hülsenfrüchte vor dem Kochen mit klarem Wasser abzuspülen, da dadurch die blähenden Saponine entfernt werden.

Hauptspeisen

Rezepte im Frühling

⊙⊙○ Vitamine ⊙⊙⊙ Mineralstoffe ⊙⊙⊙ Ballaststoffe

SPARGEL-BROT-SALAT
mit würziger Kressevinaigrette

Zutaten

Für den Salat

- 300 g altbackenes Schwarz- und Weißbrot
- 2 Knoblauchzehen
- 3 EL Sonnenblumenöl zum Anbraten
- 1 große rote Zwiebel
- 250 g grüner Spargel
- 3 EL Sonnenblumenöl
- 50 g Chinakohl, Vogerlsalat oder Spinat
- 1 Bund Radieschen
- 1 kleiner Bund Petersilie

Für die Vinaigrette

- 100 ml Olivenöl (regionale Alternative: Leinöl oder Sonnenblumenöl)
- Saft von 1 Zitrone
- 1 EL Senf
- 100 g Kresse
- Salz
- frisch gemahlener Pfeffer

Zubereitung

Für den Salat das Brot in etwa 3 cm große Würfel schneiden. Knoblauch schälen und klein hacken. Beides in einer großen Pfanne in etwas Öl goldbraun anrösten. Das Brot in eine Schüssel geben, die Pfanne kann gleich weiterverwendet werden.

Die Zwiebel grob würfelig schneiden. Die Enden vom grünen Spargel sparsam abschneiden. In mundgerechte Stücke schneiden. In etwas Öl ein paar Minuten anbraten. Die Zwiebeln kurz mitrösten. Salzen und pfeffern. Zur Seite stellen.

Für die Vinaigrette den Zitronensaft, etwas Senf und Kresse mit Salz und Pfeffer in ein hohes Gefäß geben und langsam mit Öl aufmixen, bis eine fein-cremige Konsistenz entsteht. Abschmecken. Achtung, die Kresse ist super-gesund, aber auch super-scharf.

Salat waschen und grob schneiden. Radieschen ebenfalls waschen und vierteln. Anschließend den Spargel gemeinsam mit den Brotwürfeln, dem Salat, den Radieschen und den Zwiebeln großzügig mit der Vinaigrette mischen. Petersilie grob hacken und unterheben. Abschmecken. Fertig.

---

❶ Jede Spargelsorte enthält andere Inhaltsstoffe, ruhig abwechseln. Hin und wieder bekommt man den violetten Purpurspargel. Diese Gelegenheit unbedingt nutzen. Die Farbe geht schnell verloren, daher am besten halbieren und auf der Innenseite kurz heiß anbraten.

❶ Die Spargelernte in Österreich und Deutschland läuft etwa von Anfang April bis Ende Juni. Je nach Witterung und Region kann die jährliche Verfügbarkeit dabei um einige Wochen variieren. Der Handel bietet parallel dazu weitgereisten Importspargel an. Hier heißt es also: genau hinsehen beim Einkauf!

❶ Die Brotwürfel können auch über Nacht an der Luft trocknen oder im Backrohr auf einem Blech mit etwas Olivenöl und Knoblauch bei 180 °C Ober-/Unterhitze ca. 10 Minuten knusprig gebacken werden.

Besondere Inhaltsstoffe und ihre Wirkung

Die in Knoblauch, Senf, Kresse und Radieschen enthaltenen ätherischen Öle wirken antibakteriell, gegen Pilze und Viren. Sie unterstützen unser Immunsystem.

Hauptspeisen

⊙⊙⊙ Vitamine   ⊙⊙⊙ Ballaststoffe   ⊙⊙⊙ sekundäre Pflanzenstoffe   ⊙⊙⊙ wertvolle Fettsäuren

GEBRATENE RADIESCHEN
mit Limettendressing

Zutaten

800 g Radieschen, verschiedene Sorten (runde, längliche, weiße, rote und gelbe)

100 ml Sonnenblumenöl

Saft und Schale von 2 Bio-Limetten

Salz

geschroteter bunter Pfeffer

Zubereitung

Radieschen waschen und in feine Scheiben schneiden. In einer Pfanne in etwas heißem Öl beidseitig anbraten, bis sie eine goldbraune Farbe haben. Noch lauwarm auf Tellern anrichten und mit einer Marinade aus Limettensaft, Öl und Salz würzen. Geschroteten Pfeffer und fein geriebene Limettenschale darübergeben. Noch lauwarm genießen.

❶ Bio-Zitrusfrüchte werden bereits während der Produktion nicht gespritzt. Als „unbehandelt" bezeichnete Früchte hingegen kommen nur nach der Ernte nicht mit Pflanzenschutz- und Konservierungsmitteln in Kontakt. „Bio" ist also auch hier die beste Wahl.

❶ Die Radieschen gleich nach dem Einkauf von den Blättern befreien, da diese das Wasser aus den Knollen ziehen. Das Radieschengrün ist essbar und kann für Salate, Smoothies oder Pestos weiterverwendet werden.

Besondere Inhaltsstoffe und ihre Wirkung

Radieschen und alle anderen Rettichverwandten enthalten eine hohe Menge an sekundären Pflanzenstoffen – die Glucosinolate –, die antimikrobiell wirksam sind.

Rezepte im Frühling

Snacks

⊙⊙○ Vitamine   ⊙⊙⊙ Ballaststoffe   ⊙⊙⊙ sekundäre Pflanzenstoffe   ⊙⊙⊙ wertvolle Fettsäuren

DINKELSTANGE GEFÜLLT MIT WEISSER BOHNENCREME
und Senfkeimlingen

Für 4 Dinkel-Vollkornstangen

1 Würfel frischer Germ (42 g) oder 1 Pkg. Trockengerm

1 TL Zucker

250–300 ml warmes Wasser

400 g Dinkel-Vollkornmehl

1 EL Salz

2 EL geschrotete Leinsamen

2 EL Maiskeimöl

Für die Bohnencreme

250 g getrocknete weiße Bohnen

2 Knoblauchzehen

1 weiße Zwiebel

3 EL Pflanzenöl

Saft von 1 Zitrone

1 TL Paprikapulver

150 g Senfkeimlinge

1 rote Zwiebel

5 ml Leinöl

Salz

frisch gemahlener Pfeffer

Zubereitung

Für die Dinkelstangen den Germ zerbröseln und mit dem Zucker im lauwarmen Wasser auflösen. In einer Schüssel das Mehl und das Salz mischen und gut mit dem Germwasser zu einem Teig verkneten, bis er nicht mehr an der Schüssel klebt. Etwa 20 Minuten an einem warmen Ort gehen lassen. Die Arbeitsfläche mit etwas Mehl bestauben. Ein Viertel des Teiges herausnehmen und vorsichtig zu einer Stange rollen. Mit dem Rest des Teiges drei weitere Stangen formen und auf ein mit Backpapier belegtes Backblech legen. Mit Öl bestreichen und Leinsamen daraufstreuen. Noch einmal 20 Minuten gehen lassen. Das Backrohr auf 180 °C Umluft vorheizen. Die Dinkelstangen auf der mittleren Schiene 20–25 Minuten backen.

Für die Bohnencreme die Bohnen über Nacht in lauwarmem Wasser einweichen. Am nächsten Tag in leicht gesalzenem Wasser etwa 1 Stunde weich kochen. Abgießen und auskühlen lassen. Knoblauch und die weiße Zwiebel schälen und grob hacken. Kurz in wenig Öl anrösten und etwas auskühlen lassen. Mit den Bohnen, dem Zitronensaft, 2/3 Senfkeimlingen und einer Prise Paprikapulver pürieren. Mit Salz und Pfeffer abschmecken.

Die Bohnencreme auf den halbierten Broten anrichten. Die rote Zwiebel schälen, in hauchzarte Ringe schneiden und mit den restlichen Senfkeimlingen darauf anrichten. Das Leinöl darüberträufeln.

Durch den Zusatz von Leinöl wird der Aufstrich um wertvolle Omega-3-Fettsäuren ergänzt. Dies ist besonders bei einer pflanzlichen, fischfreien Ernährung von Vorteil.

---

❶ Senfkeimlinge oder Senfsprossen lassen sich ganz leicht selber ziehen und sind wie alle Sprossen sehr reich an Vitaminen. Zusätzlich enthalten sie jede Menge sekundäre Pflanzenstoffe, die ihnen den scharfen Geschmack verleihen.

❶ **Hülsenfrüchte kochen:** Besonders bei der Verwendung ganzer Bohnen kann ich das Kochen mit Salz (gleich von Beginn an) nur wärmstens empfehlen. Ich habe persönlich alle Varianten durchprobiert. Das Ergebnis: Die Bohnen wurden mit Salz im Kochwasser genauso weich wie ohne und schmeckten noch besser, da das Salz in ihr Innerstes vorgedrungen war.

Snacks

Rezepte im Frühling

⊙⊙○ Mineralstoffe   ⊙⊙⊙ Ballaststoffe   ⊙⊙⊙ sekundäre Pflanzenstoffe   ⊙⊙⊙ wertvolle Fettsäuren

LAUWARMER SPINATSALAT
mit gerösteten Sonnenblumenkernen, karamellisierten Schalotten, Ziegenkäse und Erdbeeren

Zutaten

Für den Salat

- 2 Schalotten
- 50 g Sonnenblumenkerne
- 3 EL Olivenöl (regionale Alternative: Maiskeim-, Raps- oder Sonnenblumenöl)
- 3 EL Apfel- oder Weißweinessig
- 4 Handvoll junger Blattspinat
- 150 g frische Erdbeeren
- 100 g Ziegen-Hartkäse
- Salz
- geschroteter bunter Pfeffer

Zubereitung

Für den Salat die Schalotten schälen, halbieren und in feine Ringe schneiden. Sonnenblumenkerne in einer Pfanne ohne Fett goldbraun anrösten. Beiseite stellen. Öl in einem Topf erhitzen, Schalotten und eine große Prise Salz dazugeben und bei mittlerer Hitze so lange anbraten, bis sie zu karamellisieren beginnen, sie sollten eine schöne goldbraune Farbe haben. Dann mit einem Schuss Essig ablöschen und den Topf vom Herd nehmen. Den Blattspinat von eventuellen Wurzeln säubern und mit kaltem Wasser waschen. Abtropfen lassen und mit dem noch heißen Schalotten-Dressing vermischen. Nochmals mit einer Prise Salz abschmecken. Falls nötig, etwas mehr Öl hinzugeben.

Auf Tellern anrichten. Die Erdbeeren waschen, vom Grün befreien und vierteln. Gemeinsam mit den Sonnenblumenkernen darüberstreuen. Ziegenkäse in kleine Stücke brechen oder über den Salat hobeln. Groben Pfeffer darüberstreuen.

---

❶ Mit frischen, selbst gemachten Falafeln (Seite 86) ergänzt, wird dieser Salat ein sättigender Snack und kann auch wunderbar als leichtes Mittag- oder Abendessen genossen werden.

❶ Erdbeeren haben etwa von Ende Mai bis Ende August Saison. Die Geduld zahlt sich aus, sie schmecken zu dieser Zeit wesentlich besser und enthalten mehr Farbstoffe, Vitamine und Mineralstoffe.

❶ Da Schalotten einen hohen pflanzeneigenen Zuckergehalt haben, karamellisieren sie ganz ohne zusätzliche Zugabe von Zucker.

Besondere Inhaltsstoffe und ihre Wirkung

Frische, reife Erdbeeren sind reich an Vitamin C und anderen antioxidativ sehr wirksamen Substanzen der Gruppe der Polyphenole, nämlich Anthocyane und Tannine.

Rezepte im Frühling

Snacks

☺☺☺ Vitamine   ☺☺○ Mineralstoffe   ☺☺○ Ballaststoffe   ☺☺☺ sekundäre Pflanzenstoffe   ☺☺☺ wertvolle Fettsäuren

KNUSPRIGE FALAFELN

Zutaten

200 g getrocknete Kichererbsen

2 Knoblauchzehen

1 gelbe Zwiebel

frische Petersilie

frischer Koriander

Saft von 1 Zitrone

2 TL gemahlener Kreuzkümmel

2 TL Salz

eventuell Öl zum Herausbacken

Zubereitung

Für die Falafeln die Kichererbsen über Nacht oder 10–12 Stunden in Wasser einweichen. Das Wasser abgießen, gut abtropfen lassen und die rohen Kichererbsen mit dem geschälten Knoblauch in einen Mixer geben. Klein, aber nicht zu fein mixen. Zwiebel schälen und gemeinsam mit Petersilie und Koriander fein hacken. Mit Zitronensaft und den Gewürzen zu den Kichererbsen mischen und 1/2 Stunde ziehen lassen. Danach den Teig zu Kugeln formen.

Nun gibt es zwei Möglichkeiten. Die fettärmere Variante ist das Backen im Rohr. Dafür auf 220 °C Ober-/Unterhitze vorheizen und anschließend auf einem Backpapier etwa 15 Minuten backen.

Die klassische Variante ist das Herausbacken im Fett. Dafür Öl in der Pfanne nicht zu heiß machen und die Falafelbällchen auf jeder Seite goldbraun herausbacken.

---

❶ Falafeln schmecken warm und kalt köstlich. Dazu passt ein erfrischender Minzjoghurt-Dip (Seite 76) oder Sauerrahm, der mit frischen Kräutern, Salz und Pfeffer verrührt wurde.

❶ Sollten die geformten Falafeln einmal nicht gut zusammenhalten, sorgt ein Esslöffel Semmelbrösel oder Mehl für mehr Stabilität.

❶ Mit einem Fleischwolf werden die Kichererbsen in der perfekten Größe zermahlen und luftiger als mit dem Mixer.

Besondere Inhaltsstoffe und ihre Wirkung

Kichererbsen enthalten kaum Fett. Durch ihren hohen Eiweiß- und Ballaststoffgehalt machen sie schnell und vor allem lange satt. Falafeln sind also die perfekte „Sättigungsbeilage" zu einem Salat.

Rezepte im Frühling

Snacks

⊙○○ Vitamine ⊙⊙○ Mineralstoffe ⊙⊙○ Ballaststoffe

EMMERREIS-AUFLAUF
mit Birne und Apfel

Für 4 kleine Auflaufformen zu je 150 ml oder 1 große Auflaufform zu 600 ml

Zutaten

- 250 g Emmerreis
- 2 EL Butter oder Öl
- 2 Äpfel
- 2 Birnen
- Saft von 1 Zitrone
- 1/2 TL Zimt
- 1 Prise Salz
- 3 Eier
- 2 EL Honig

Zubereitung

Den Emmerreis etwa 15 Minuten in leicht gesalzenem Wasser kochen, abgießen und etwas auskühlen lassen. In der Zwischenzeit das Backrohr auf 180 °C Ober-/Unterhitze vorheizen. Die Backformen mit Butter oder Öl ausfetten. Äpfel und Birnen waschen, entkernen. Je eine halbe Birne und einen halben Apfel in dünne Scheiben schneiden, mit etwas Zitronensaft beträufeln und beiseite stellen. Das restliche Obst grob reiben. Mit Zitronensaft, Zimt und einer Prise Salz verrühren.

Die Eier trennen und das Eiweiß zu Schnee schlagen. Die Eidotter gemeinsam mit der Fruchtmischung unter den ausgekühlten Emmerreis rühren. Je nach Geschmack mit Honig süßen. Dann den Schnee vorsichtig darunterheben und rasch bis ca. 1 Zentimeter unter den Rand in die Formen einfüllen. Die feinen Apfel- und Birnenscheiben fächerartig darauf anordnen. In das Backrohr stellen und etwa 15 Minuten backen.

❶ Als „Getreidereis" werden Getreidekörner bezeichnet, die leicht abgeschliffen sind und dadurch wesentlich kürzere Kochzeiten haben, aber nur geringen Nährstoffverlust. Der Auflauf schmeckt auch sehr gut mit Dinkelreis oder Einkornreis.

❶ Wer es gern etwas süßer mag, kann den Auflauf vor dem Backen mit einem Zimt-Zucker-Gemisch bestreuen. Das ergibt eine leicht karamellisierte, schön glänzende Kruste.

Besondere Inhaltsstoffe und ihre Wirkung

Bei diesem Rezept möchte ich gerne die Bedeutung der Sortenvielfalt hervorheben. Alte Getreidesorten wie Emmer oder Einkorn liefern mehr Inhaltsstoffe als ihre stärker genutzten Verwandten Weizen oder Dinkel. Und erst die Äpfel! Weltweit gibt es mehr als 20.000 verschiedene Sorten. Die meisten von uns können die bekanntesten Apfelsorten an zwei Händen abzählen. Diese Äpfel sind natürlich nicht schlecht, sie gehen aber alle auf eine begrenzte Zahl an „Muttersorten" zurück. Auf Wochen- und Bauernmärkten finden sich hingegen mittendrin wahre Schätze, wenn man die Augen offen hält. Sie sehen vielleicht nicht perfekt aus, sind dafür aber umso nährstoffreicher und tragen klingende Namen wie Renette, Gravensteiner oder Rosenapfel.

Süßes

Rezepte im Frühling

⊙⊙○ Mineralstoffe   ⊙⊙○ Ballaststoffe   ⊙⊙○ sekundäre Pflanzenstoffe

Zutaten

100 g getrocknete Marillen
100 g getrocknete Zwetschken
etwas lauwarmes Wasser
Saft von 1 Limette
160 g Vollkornkekse
80 g Kürbiskerne
5 EL Honig

KNUSPER-DESSERT
mit Trockenobst und Kürbiskern-Krokant

Zubereitung

Die Trockenfrüchte grob schneiden und mit wenig lauwarmem Wasser und dem Limettensaft vorsichtig in einem Topf für etwa 5 Minuten erwärmen. Anschließend mit dem Pürierstab cremig mixen. Die Vollkornkekse in vier passende Gläser zerbröseln und etwas flach drücken. Die Trockenfrüchte-Creme daraufsetzen. Die Kürbiskerne grob hacken. Honig in einer Pfanne bei mittlerer Hitze karamellisieren lassen, vom Herd nehmen und die Kürbiskerne darin schwenken. Abkühlen lassen, in grobe Stücke brechen und knusperleicht auf die Creme setzen.

❶ Bei diesem Rezept darf gerne experimentiert werden, auch andere Trockenfrüchte wie Feigen oder gemahlene Nüsse statt der Kürbiskerne passen sehr gut.

❶ Übrig gebliebene Kekse oder Biskuit können hier super verarbeitet werden!

Besondere Inhaltsstoffe und ihre Wirkung

Da ihnen das Wasser entzogen wurde, sind Trockenfrüchte pro 100 g besonders reich an Mineralstoffen, Vitaminen und Ballaststoffen. Sie sind eine wunderbare Ergänzung in der Jahreszeit, in der noch keine frischen Früchte zur Verfügung stehen. Beim Naschen von Trockenfrüchten auf eine ausreichende Flüssigkeitszufuhr achten, da sie Wasser im Darm binden und stopfend wirken.

Süßes

⊙⊙○ Mineralstoffe   ⊙⊙⊙ Ballaststoffe   ⊙⊙○ sekundäre Pflanzenstoffe

DINKELMUFFINS
mit Rhabarber und Mohn

Für 12 Muffins

Zutaten

- 12 Muffinförmchen aus Papier oder 1 Muffinbackform
- 200 g Rhabarber
- 100 g zerlassene Butter
- 3 Eier
- 150 g Joghurt
- 50 g gemahlener Mohn
- 200 g Dinkelmehl
- 100 g Staubzucker
- 1 TL Salz

Zubereitung

Das Backrohr auf 200 °C Ober-/Unterhitze vorheizen. Die Schale des Rhabarbers dünn abziehen und die Stangen in kleine Stücke schneiden. Die zerlassene Butter mit den Eiern und dem Joghurt vermengen. Den Mohn und die Rhabarberstückchen unterrühren. Das Mehl mit Zucker und Salz vermengen und unter die Masse heben. Den Teig probieren und nach Belieben nachsüßen und anschließend vorsichtig in die Muffinförmchen füllen. Für 25 Minuten im Rohr backen.

T Die Papierförmchen – vor allem die ganz zarten – dehnen sich rasch aus, wenn der Teig eingefüllt ist. Am besten dicht aneinander schlichten oder eine spezielle Muffinbackform nutzen. Diese vor dem Befüllen einfetten oder mit Papierförmchen auslegen.

Besondere Inhaltsstoffe und ihre Wirkung

Mohn ist sehr mineralstoffreich und enthält große Mengen an Eisen, Kalzium und Magnesium. Mohnsamen bestehen zu 40–50 % aus wertvollen Ölen.

Süßes

Rezepte im Frühling

⊙⊙○ Mineralstoffe   ⊙⊙⊙ Ballaststoffe   ⊙⊙○ sekundäre Pflanzenstoffe   ⊙○○ wertvolle Fettsäuren

REZEPTE

im Sommer

AMARANTH-PANCAKES
mit Maulbeeren und Sauerrahm

Zutaten für 8 Stück

- 125 ml Milch
- 1 Ei
- 2 TL Öl
- 120 g Dinkelmehl
- 20 g gepoppter Amaranth
- 20 g gemahlene Nüsse
- 1 Prise Salz
- Saft von 1 Zitrone
- 1 Prise Zimt
- 2 gestrichene EL Honig oder Zucker
- 150 g Maulbeeren, alternativ Himbeeren, Heidelbeeren oder schwarze Johannisbeeren
- davon 1 Handvoll als Dekoration aufheben
- 1 EL Pflanzenöl zum Braten
- 250 ml Sauerrahm
- 1 EL Staubzucker

Zubereitung

Die Milch mit dem Ei verquirlen und das Öl einrühren. In einer anderen Schüssel Mehl, Amaranth, Nüsse und eine Prise Salz mischen und in Portionen unter die verquirlte Masse rühren. Zitronensaft, Zimt und Honig dazugeben. Geschmäcker sind verschieden, also am besten schon mal naschen, ob die Süße passt und 5 Minuten ziehen lassen. Der Teig soll eher dickflüssig sein. Abschließend die Beeren ein wenig zerdrücken und unter den Teig heben. Das Backrohr auf 80 °C vorheizen (fürs Warmhalten der Pancakes).

Die Pancakes in wenig Öl in einer beschichteten Pfanne bei mittlerer Hitze goldbraun herausbacken. Pro Pfannkuchen etwa 2 EL Teig in die Pfanne setzen. Der Teig zerfließt von selbst, bei etwaigem Aufkommen von Perfektionismus kreisförmig verstreichen. Von beiden Seiten goldbraun braten. Die fertigen Pancakes auf einem Teller im Rohr warmhalten, bis alle anderen fertig sind, denn warm schmecken sie am besten.

Den Sauerrahm mit etwas Staubzucker abrühren. Die Pancakes mit dem Sauerrahm und den frischen Beeren anrichten.

---

❶ Maulbeerbäume findet man – erstaunlicherweise sogar in Städten – immer wieder beim Spazierengehen. Diverse Internet-Plattformen wie www.mundraub.org zeigen europaweit Obstbäume im öffentlichen Raum, von denen geerntet werden darf. Siehe auch *Wildobst sammeln* Seite 20.

Besondere Inhaltsstoffe und ihre Wirkung

Ein feines Frühstück mit vielen gesunden Komponenten. Die vitamin- und nährstoffreichen Beeren sind zusätzlich eine hervorragende Quelle für sekundäre Pflanzenstoffe wie Flavonoide/Anthocyane. Diese gehören zu den wasserlöslichen pflanzlichen Farbstoffen und sind stark antioxidativ wirksam. Der Sauerrahm liefert uns wertvolle lebende Milchsäurebakterien für die Darmgesundheit.

Frühstück

⊙⊙⊙ Vitamine ⊙⊙○ Mineralstoffe ⊙⊙⊙ Ballaststoffe ⊙⊙○ sekundäre Pflanzenstoffe

ERFRISCHENDE GERSTEN-GAZPACHO

Am besten aus dem Kühlschrank

Zutaten

80 g Gerste
2 Stangensellerie
1 Gurke
2 Knoblauchzehen
2 rote Paprika
200 ml Joghurt
200 ml kaltes Wasser

Salz
frisch gemahlener Pfeffer

Zubereitung

Die Gerste – am besten schon am Vorabend – in kochendem Salzwasser bei mittlerer Hitze etwa 20 Minuten garen. In ein Sieb abgießen, kalt abschrecken und – wenn der Hunger noch nicht zu groß und noch etwas Zeit ist – in den Kühlschrank stellen. Stangensellerie waschen, einen grob, den anderen in feine Scheiben schneiden. Gurke und Knoblauch schälen und in grobe Stücke hacken. Paprika waschen und in kleine Würfel schneiden.

Den grob geschnittenen Stangensellerie, die Gurke und den Knoblauch gemeinsam mit Joghurt und kaltem Wasser mit dem Pürierstab oder im Standmixer mixen. Mit Salz und Pfeffer würzen. Die Gerste hinzufügen und nochmals kurz mitmixen, sodass noch ein paar ganze Körner übrigbleiben. Die Gazpacho in vier tiefen Tellern anrichten. Die Stangenselleriescheiben und die Paprikawürfel darauf anrichten und kalt servieren.

> **T** Gegartes Getreide lässt sich wunderbar einfrieren. Dafür eine größere Menge kochen und abkühlen lassen. Anschließend auf einer Platte oder einem Schneidbrett ausgebreitet für etwa 30 Minuten vorfrieren lassen, dann erst in Tiefkühlbehälter abfüllen. So bleibt das Getreide schön körnig und ist gut portionierbar.

Besondere Inhaltsstoffe und ihre Wirkung

Gerste enthält wie Hafer lösliche Ballaststoffe, die sogenannten β-Glucane, deren gesundheitsfördernde Wirkung auf unser Nervensystem und den Magen-Darm-Trakt bereits nachgewiesen wurde.

Frühstück

Rezepte im Sommer

⊙⊙⊙ Vitamine   ⊙⊙⊙ Mineralstoffe   ⊙⊙○ Ballaststoffe   ⊙○○ sekundäre Pflanzenstoffe

SUPER SMOOTHIE-BOWL

Zutaten

250 g Erdbeeren
1–2 TL Honig
3 Marillen
1 Handvoll Trauben
1 Handvoll Stachelbeeren
1 Handvoll Ribiseln
1 Handvoll Brombeeren
1 EL Leinöl

Zubereitung

Das Obst gründlich waschen. Die Erdbeeren vom Grün befreien und mit Honig zu einem Mus pürieren. In vier kleine Schüsseln füllen. Die Marillen entkernen und vierteln. Die Trauben, Stachelbeeren, Ribiseln und Brombeeren vom Grün rebeln, die größeren Beeren eventuell halbieren. Auf das Erdbeermus setzen. 1 EL Leinöl darübergeben.

Das Topping auf dem Foto ist Hirsegranola. Das Rezept dazu befindet sich auf Seite 50, bei den Zutaten einfach die Getreideflocken durch Hirse ersetzen.

❶ Alternativ schmeckt so eine Smoothie-Bowl auch pikant, mit püriertem Gemüse wie Spinat, gemeinsam mit Getreide und Nüssen, großartig.

❶ Bei diesem Frühstücksgericht ist durch die Variation an frischen Früchten große Abwechslung möglich. Herrlich schmecken auch reife Himbeeren, Kirschen oder Pfirsiche.

❶ Leinöl hat von allen Pflanzenölen das günstigste Fettsäurenprofil, das bedeutet, es enthält einfach und mehrfach ungesättigte Fettsäuren im optimalen Verhältnis.

Besondere Inhaltsstoffe und ihre Wirkung

Eine Smoothie-Bowl ist eine richtige Vitaminbombe für einen erfrischenden Start in den Tag. Beerenobst ist reich an sekundären Pflanzenstoffen und Vitamin C. Die Marillen und Erdbeeren liefern zusätzlich eine schöne Menge Ballaststoffe, die lange sättigen und unseren Darm unterstützen. Durch das zugesetzte Öl wird die größtmögliche Menge an fettlöslichen Vitaminen aufgenommen.

Rezepte im Sommer

Frühstück

⊙⊙⊙ Vitamine   ⊙⊙⊙ Mineralstoffe   ⊙⊙⊙ Ballaststoffe   ⊙⊙⊙ sekundäre Pflanzenstoffe

STEIRER-EI
auf Vollkorn-Nussbrot

Zubereitung

Für das Vollkorn-Nussbrot das Mehl mit 1 Teelöffel Salz, den gemahlenen Leinsamen und den gehackten Walnüssen in einer großen Schüssel vermengen. Den Germ im lauwarmen Wasser gemeinsam mit dem Zucker auflösen. Den zimmerwarmen Sauerrahm und das Germwasser in die Schüssel zum Mehl geben. Etwa 5 Minuten zu einem Teig kneten. Diesen zugedeckt an einem warmen Ort gehen lassen. Nach etwa 30 Minuten abermals durchkneten und noch einmal 15 Minuten abgedeckt ruhen lassen.

In der Zwischenzeit das Backrohr auf 180 °C Ober-/Unterhitze vorheizen. Eine Brotbackform (Kastenform) mit etwas Öl einfetten. Den Teig noch einmal durchkneten und in die Form setzen. Die Oberfläche mehrfach über die ganze Länge mit einem Messer einschneiden. Das Brot etwa 45 Minuten backen.

Für das Steirer-Ei die Kürbiskerne grob hacken. In einer Pfanne mit dem Sonnenblumenöl und etwas Salz goldbraun rösten, bis sie hörbar knacken. Die Kerne in eine Schüssel geben und die Pfanne gleich weiterverwenden, die Hitze dabei kleiner drehen. Die Eier in einem Glas aufschlagen, die Milch, Salz und Pfeffer hinzugeben und mit einer Gabel verquirlen. In die Pfanne gießen, kurz stocken lassen, dann grob verrühren. Erst kurz vor Ende die gerösteten Kürbiskerne mit dem Kürbiskernöl locker unterrühren und von der Hitze nehmen, damit das Ei nicht zu trocken wird und die grüne Farbe des Öls erhalten bleibt. Das Steirer-Ei gleichmäßig auf die Brote verteilen. Noch ein paar Tropfen Kürbiskernöl daraufgeben, einen Hauch Paprikapulver als Farbtupfer, und fertig.

---

❶ Selbst gebackenes Brot ist ein Genuss und dieses Rezept für das herzhafte Vollkorn-Nussbrot ist wirklich fein und flott gemacht. Natürlich ist auch ein gutes Sauerteig- oder Nussbrot vom Bäcker Ihres Vertrauens eine gute Unterlage für das schmackhafte Ei. Wer es gerne knusprig mag, kann die Brotscheiben vorher kurz toasten.

Zutaten

Für das Brot

300 g Weizen-Vollkornmehl

1 TL Salz

20 g gemahlene Leinsamen

50 g gehackte Walnüsse

1 Pkg. Trockengerm

200 ml lauwarmes Wasser

1 TL Zucker

150 g zimmerwarmer Sauerrahm

Öl zum Einfetten der Backform

Für das Steirer-Ei

50 g Kürbiskerne

1 EL Sonnenblumenöl

4 Eier

20 ml Milch

1 EL Kürbiskernöl

4 große Scheiben Vollkorn-Nussbrot, alternativ Sauerteigbrot

etwas Kürbiskernöl und edelsüßes Paprikapulver zum Garnieren

Salz

frisch gemahlener Pfeffer

Besondere Inhaltsstoffe und ihre Wirkung

Das Eiweiß in Eiern hat eine unübertreffliche Qualität. Unser Körper kann es zu hundert Prozent in körpereigenes Protein umwandeln und es ist leicht verdaulich.

Frühstück

Rezepte im Sommer

⊙⊙○ Mineralstoffe ⊙⊙⊙ Ballaststoffe ⊙⊙⊙ sekundäre Pflanzenstoffe

SCHNELLER FLAMMKUCHEN
mit knackigem Sommergemüse

Zutaten

Für den Flammkuchenteig

- 500 g Weizen-Vollkornmehl
- 2 TL Salz
- 2 Eier
- 3 TL Sonnenblumenöl
- ca. 200 ml Wasser

Für den Belag

- 250 g bunte Tomaten (rote, gelbe, orange, grüne)
- je 1 kleine grüne und gelbe Zucchini
- 1 kleine Melanzani
- 1 rote Zwiebel
- 2 Knoblauchzehen
- 200 g Crème fraîche
- 1 Handvoll Rosmarin und Basilikum
- Olivenöl zum Beträufeln
- Salz
- frisch gemahlener Pfeffer

Zubereitung

Für den Flammkuchenteig in einer großen Schüssel das Mehl mit 2 TL Salz vermischen. Eier, Sonnenblumenöl und portionsweise Wasser hinzufügen und mit den Händen oder den Knethaken des Mixers zu einem geschmeidigen Teig verarbeiten. Er soll sich gut von den Händen oder den Knethaken lösen. Den Teig zu einer Kugel rollen, leicht bemehlen und in der Schüssel 10 Minuten rasten lassen. In der Zwischenzeit das Backrohr auf 180 °C Ober-/Unterhitze aufheizen.

Das Gemüse und die geschälte Zwiebel in feine Scheiben schneiden und mit fein geschnittenem Knoblauch vermischen, salzen und pfeffern. Den Teig nach der Rastzeit nochmals gut durchkneten, kleine Portionen abtrennen und kugelig formen. Mit dem Nudelholz etwa 1 cm dick auswalken. Auf das Backblech legen und mit Crème fraîche bestreichen. Etwas salzen und pfeffern. Dann nach Lust und Laune mit dem Sommergemüse belegen. Den Rosmarin abrebeln und daraufgeben.

Den Flammkuchen für etwa 12–15 Minuten ins Rohr schieben und im Auge behalten. Frisches Basilikum auf die fertigen Flammkuchen zupfen. Etwas Olivenöl darüberträufeln.

Besondere Inhaltsstoffe und ihre Wirkung

Vollkorn bedeutet, dass das „volle Korn" vermahlen wurde und somit alle wertvollen Inhaltsstoffe enthalten sind. Vor allem der Gehalt an Ballaststoffen, Eisen und Vitamin E ist deutlich höher als in Weißmehl. Erfreulicherweise entsprechen Vollkornprodukte heute nicht mehr dem Klischee, trocken, grob gekörnt und unansehnlich zu sein. Ganz im Gegenteil: Sie punkten meist mit vollerem Geschmack.

❶ Für den Belag eignen sich viele weitere Sommergemüse wie Broccoli und Paprika, aber auch frische Pilze. Statt der roten Zwiebel geben Porree oder Jungzwiebeln ein ebenfalls herrlich würziges Aroma.

❶ Vollkornmehl bindet mehr Flüssigkeit als Weißmehl. Daher ist immer eine erhöhte Zugabe von Wasser oder Milch notwendig, wenn Sie in einem Rezept Weißmehl durch Vollkornmehl ersetzen möchten.

❶ Die Tomatensaison in Österreich und Deutschland ist, mit regionalen Abweichungen, von Juni bis Ende Oktober. Vor allem auf Märkten bekommt man zu dieser Zeit wunderbar reife Früchte. Im Winter schmecken sie bei weitem nicht so gut und werden unter hohem Energieverbrauch produziert. Heiß diskutiert wird ihr Name, denn in Westösterreich wird das heimische Lieblingsgemüse „Tomate", im Osten „Paradeiser" genannt.

Hauptspeisen

Rezepte im Sommer

⊙⊙○ Vitamine   ⊙⊙○ Mineralstoffe   ⊙⊙⊙ Ballaststoffe   ⊙⊙⊙ sekundäre Pflanzenstoffe

JOGHURTSUPPE MIT KICHERERBSEN
und würzigen Asia-Salaten

Zutaten

- 100 g getrocknete Kichererbsen
- 2 gelbe Zwiebeln
- 1 Handvoll Asia-Salate wie Pak Choi oder Mizuna, alternativ Chinakohl oder Rucola
- 3 EL Pflanzenöl
- ca. 1,5 l heißes Wasser
- 1/2 TL gemahlener Kreuzkümmel
- 100 ml Joghurt
- Saft von 1 Zitrone
- 30 g Hartkäse
- Salz
- frisch gemahlener Pfeffer

Zubereitung

Die Kichererbsen über Nacht in Wasser einweichen. Anschließend etwa 50 Minuten in leicht gesalzenem Wasser kochen, abgießen und kurz abschrecken. Die Zwiebeln feinwürfelig schneiden. Die Asia-Salate waschen und grob hacken. Die Zwiebeln in etwas Öl anbraten, bis sie goldbraun sind. Die Kichererbsen und die Asia-Salate kurz mitrösten. Mit heißem Wasser aufgießen und mit Salz, Pfeffer und Kreuzkümmel abschmecken. Etwa 5 Minuten köcheln lassen. Vom Herd nehmen. Das Joghurt mit 3 EL heißer Suppe verrühren und dann langsam in die Suppe einrühren. Nach dem Zusatz des Joghurts nicht mehr aufkochen. Mit etwas Zitronensaft abschmecken. Den Hartkäse darüber reiben und servieren.

> Auch mit einem Schuss Weißwein schmeckt die Suppe hervorragend.

> Werden die Kichererbsen beim Kochen gewürzt, sind sie bereits etwas salzig. Nicht vergessen beim Abschmecken! Weitere Infos zu *Hülsenfrüchte kochen* auf Seite 82.

Besondere Inhaltsstoffe und ihre Wirkung

Gutes Fett! Das Fett im Joghurt ist ein wichtiger Geschmacksträger und sorgt für eine sämige Konsistenz. Je fetter ein Joghurt ist, desto cremiger, was bei einem griechischen Joghurt mit 10 % Fett deutlich spürbar ist. Kalorien mit Hilfe fettarmer Produkte einzusparen ist nicht nur wenig effektiv, sondern auch eine Geschmackseinbuße.

Hauptspeisen

⊙⊙○ Vitamine   ⊙⊙○ Mineralstoffe   ⊙⊙○ Ballaststoffe   ⊙⊙⊙ sekundäre Pflanzenstoffe

LAUWARMES BALSAMICOGEMÜSE
mit Kräuter-Leinöl

Zutaten

- 2 rote Zwiebeln
- 4 Karotten
- 1 Bund Radieschen
- 2 Fenchelknollen
- 2 EL Pflanzenöl
- 3 Knoblauchzehen
- 4 EL dunkler Balsamico- oder Apfel-Balsam-Essig
- 10 ml Leinöl
- 1 Thymianzweig
- 1 Handvoll Minze

- Salz
- frisch gemahlener Pfeffer

- Backpapier
- Küchengarn

Zubereitung

Backrohr auf 180 °C Ober-/Unterhitze vorheizen. Mit Backpapier und Küchengarn kleine Schiffchen vorbereiten. Zwiebeln schälen. Das Gemüse in mundgerechte Stücke schneiden und mit wenig Pflanzenöl vermischen. Knoblauch schälen und grob hacken, dazugeben. Mit Salz und Pfeffer würzen und in die Schiffchen füllen. Für etwa 20 Minuten im Rohr garen. Kurz vor Ende der Garzeit den Balsamico-Essig darüberträufeln und die Schiffchen für weitere 5 Minuten in das Rohr schieben.

Das Leinöl mit gehacktem Thymian und Minze aufmixen. Über das gegarte Gemüse träufeln. Fertig.

❶ Da das Leinöl nicht erhitzt werden soll, verwende ich zum Garen einfaches Pflanzenöl wie Sonnenblumen- oder Maiskeimöl. Erst am Schluss kommt dann das Leinöl dazu, um alle wertvollen Inhaltsstoffe zu bewahren.

❶ Zu manchen Gerichten ist Weißbrot einfach die beste Beilage. Das Balsamicogemüse zählt für mich dazu. Frisch und knusprig, die perfekte Kombination!

❶ Für dieses Gericht können viele Gemüsearten verwendet werden. Die unterschiedlichen Garzeiten können durch die Schnittgröße ausgeglichen werden. Schnell garende Gemüse wie Zwiebel, Porree oder Stangensellerie gröber und Karfiol, Broccoli oder Rüben kleiner schneiden, dann sind sie etwa gleich schnell gar.

Besondere Inhaltsstoffe und ihre Wirkung

Das, was uns zu Tränen rührt, wenn wir Zwiebeln schneiden, sind die ätherischen Öle. Sie können zwar manchmal unangenehm sein, gesundheitlich sind sie sehr wirksam durch ihre antibakteriellen und entzündungshemmenden Eigenschaften. Die ätherischen Öle im Fenchel fördern die Produktion von Magensäften und unterstützen bei der Verdauung der Speisen.

Hauptspeisen

Rezepte im Sommer

⊙⊙○ Vitamine ⊙⊙⊙ Mineralstoffe ⊙⊙⊙ Ballaststoffe ⊙⊙⊙ sekundäre Pflanzenstoffe ⊙⊙⊙ wertvolle Fettsäuren

SOMMERLICHER BOHNENBURGER
mit cremig-leichtem Coleslawsalat

Zutaten

Für 4 Burgerbrötchen

1 Würfel frischer Germ (42 g)
125 ml lauwarmes Wasser
1 Ei
1 TL Zucker
200 g Weizenmehl
1 TL Salz
50 g weiche Butter
Mehl zum Bestäuben
1 Ei zum Bestreichen
1 EL Milch
2 EL gelber Leinsamen

Zubereitung

Für die Burgerbrötchen den Germ im lauwarmen Wasser zerbröseln und auflösen. Das Ei und den Zucker hinzufügen. Das Mehl mit Salz mischen und mit der Butter in die Flüssigkeit rühren, bis ein geschmeidiger Teig entstanden ist. Das dauert einige Zeit, also nicht zu früh aufgeben. Je länger geknetet wird, desto besser. Den Teig zu einer Kugel formen, leicht bemehlen und, mit einem Tuch abgedeckt, in einer Schüssel für mindestens 30 Minuten an einem warmen Ort gehen lassen.

Aus dem Teig Portionen von etwa 80 g schneiden, auf einem leicht bemehlten Blech zu Brötchen schleifen und leicht flach drücken. Ein Durchmesser von 7–9 cm ist optimal. Die Burgerbrötchen jetzt noch einmal 30 Minuten gehen lassen.

Das Backrohr auf 200 °C Ober-/Unterhitze vorheizen. Ein Ei mit 1 Esslöffel Milch verquirlen. Die Brötchen damit bestreichen und mit Leinsamen bestreuen. Etwa 12–15 Minuten backen, im Auge behalten, damit sie nicht zu dunkel werden.

Besondere Inhaltsstoffe und ihre Wirkung

Kraut in roher Form ist eine hervorragende Ergänzung zum Burger. Es liefert reichlich Vitamin C und unsere Zähne müssen kräftig arbeiten, um es zu zerkleinern. Wir leben in eher „kaumüden" Zeiten und breiförmige oder in der Konsistenz weiche Gerichte sind sehr beliebt. Dabei hat kräftiges Kauen große Vorteile: Es reinigt die Zähne, stärkt die Kiefermuskulatur und regt die Produktion der Verdauungssäfte an.

☉☉☉ Vitamine   ☉☉☉ Mineralstoffe   ☉☉☉ Ballaststoffe

Für den Coleslaw das Kraut und die Karotten in feine Streifen schneiden. Das Gemüse mischen, salzen und etwas zusammen drücken, damit der Zellsaft austritt. Mit Joghurt, Zitronensaft und Pfeffer mischen und ziehen lassen.

Für die Burgerpatties das Wurzelgemüse waschen, wenn nötig schälen und dann fein reiben. Die geschälte Zwiebel würfelig schneiden und gemeinsam mit dem Wurzelgemüse in etwas Öl goldbraun braten. Die Bohnen mit den Händen oder einer Gabel grob zerdrücken. Den Knoblauch und die Petersilienblätter hacken und mit den Bohnen dazumischen. Mit einem Pürierstab einige Male in die Masse mixen, um eine homogene Konsistenz zu erreichen. Am Schluss das Ei und die Semmelbrösel untermischen und würzen. Laibchen formen, dabei die Masse gut festdrücken. In wenig Öl knusprig braten. Dabei nicht zu oft wenden.

Die Burgerbrote auseinander schneiden. Käse fein schneiden. Den gewaschenen und abgetropften Rucola mit etwas Salz und Balsamico-Essig marinieren. Auf die Brötchen setzen, das Laibchen daraufgeben und jetzt nach Lust und Laune belegen. Den cremigen Coleslaw dazu genießen oder auch als Burgerbelag verwenden.

---

❶ Die Brötchen am besten gleich in größeren Mengen backen und anschließend einfrieren.

❶ Mein All-Time-Favourite für Burger ist die schnelle und leichtere Cocktailsaucenvariante mit 1 Teil Joghurt, 1 Teil Ketchup, Salz, Pfeffer und einem Schuss Zitrone.

❶ Die Käferbohnen am besten gleich in gesalzenem Wasser kochen. Das Salz dringt dabei bis ins Innere der Bohnen vor, was zu einem besseren Aroma führt. Dass Hülsenfrüchte, in Salzwasser gekocht, nicht weich werden, ist ein Gerücht, das sich hartnäckig hält.

Zutaten

Für den Coleslaw

1/4 Kopf Weißkraut

2 Karotten

150 ml Joghurt

Saft von 1 Zitrone

Salz

frisch gemahlener Pfeffer

Für die Burgerpatties

200 g Wurzelgemüse (z. B. Karotten, Sellerie, Petersilienwurzel)

1 große gelbe Zwiebel

1 Knoblauchzehe

1 Petersilienzweig

250 g gekochte Käferbohnen oder andere dunkle Bohnen

1 Ei

3 EL Semmelbrösel oder feine Haferflocken

frischer Koriander

Öl zum Herausbraten

Salz

frisch gemahlener Pfeffer

Zum Belegen

1 große rote Zwiebel

1 Handvoll Rucola

1 EL Apfel-Balsam-Essig

200 g Käse nach Geschmack, z. B. milder Butterkäse oder kräftiger Bergkäse

1 Handvoll bunte Cocktailtomaten, in Scheiben geschnitten

Bunter Bohnenmix

Hauptspeisen

Sommerlicher Bohnenburger mit cremig-leichtem Coleslawsalat

GEBRATENER RADICCHIO
mit karamellisierten Trauben und Nüssen

Zutaten

- 800 g Radicchio
- 60 g Walnüsse
- 5 EL Olivenöl (regionale Alternative: Sonnenblumenöl)
- 100 g blaue Weintrauben
- 50 g Butter
- 1 Schuss Weißwein
- Saft von 1 Zitrone
- 3 EL Zucker
- Salz
- frisch gemahlener Pfeffer

Zubereitung

Den Radicchio in Blätter teilen und waschen. Gut abtrocknen und gemeinsam mit den Walnüssen in wenig Olivenöl kurz anbraten. Den Rest des Öls zum Anrichten aufheben. Den Radicchio auf einen Teller geben und zur Seite stellen. Die Pfanne mit einem Küchentuch säubern und gleich weiterverwenden.

Die Trauben halbieren. Den Zucker in einer Pfanne oder einem Topf bei mittlerer Hitze zum Schmelzen bringen. Sobald er goldgelb geworden ist, die Butter hineinrühren und mit einem Schuss Weißwein ablöschen. Die Traubenhälften dazugeben und kurz mitdünsten lassen. Gemeinsam mit den gebratenen Radicchioblättern und Nüssen anrichten.

❶ Den Zucker beim Karamellisieren nicht zu dunkel werden lassen, sonst schmeckt es unangenehm bitter. Bei der ersten Bräunung schnell von der heißen Herdplatte nehmen.

❶ In vielen Rezepten findet man den Tipp, bittere Salate in reichlich lauwarmem Wasser einzuweichen, damit er weniger bitter wird. Dabei gehen auch viele andere wichtige wasserlösliche Inhaltsstoffe wie Vitamin C oder Farbstoffe verloren. Wir können uns allerdings an die Geschmacksrichtung „bitter" gewöhnen, also einfach mit kleinen Portionen starten und die Menge im Laufe der Zeit langsam steigern.

❶ Alternativ können die Trauben und Nüsse auch mit Honig karamellisiert werden, allerdings gehen beim Erhitzen wichtige Inhaltsstoffe verloren. Wer möchte, und wem der Radicchio zu bitter ist, kann am Schluss allerdings noch ein paar Tropfen Honig über den Salat träufeln.

In einigen europäischen Ländern wie Italien sind bittere Gemüse sehr beliebt. Viele andere – darunter auch Österreich – sind nicht so bitteraffin und bevorzugen eher bitterstoffarmes Obst und Gemüse. Das führt dazu, dass der Gehalt an den gesundheitsfördernden sekundären Pflanzenstoffen durch entsprechende Züchtungen reduziert wird. Und das ist schade, weil gerade sie so wertvoll sind. Also: Mehr Mut zu Bitterkeit!

Hauptspeisen

Rezepte im Sommer

⊙⊙⊙ Vitamine   ⊙⊙⊙ Mineralstoffe   ⊙○○ Ballaststoffe   ⊙⊙⊙ sekundäre Pflanzenstoffe   ⊙⊙○ wertvolle Fettsäuren

Karfiol einmal anders: „KARFIOLREIS" MEXIKANISCHE ART

Zutaten

- 1 kg Karfiol ohne Grün
- 2 gelbe Zwiebeln
- 2 rote und 2 gelbe Paprika
- 3 EL Maiskeimöl oder Butter
- 1/2 Chili oder nach Geschmack mehr
- 2 EL edelsüßes oder scharfes Paprikapulver
- Salz
- frisch gemahlener Pfeffer

Zubereitung

Karfiol von den Blättern und dem Strunk befreien. In grobe Teile brechen und waschen. Mit einem Messer oder einer Küchenmaschine in kleine, etwa reisgroße Brösel schneiden. Die Zwiebeln schälen und gemeinsam mit den entkernten Paprikas würfelig schneiden. Zusammen in etwas Öl oder Butter kurz anrösten. Den Karfiol dazugeben und einige Minuten, nicht zu weich, mitdünsten. Mit Chili, Paprikapulver, Salz und Pfeffer pikant würzen.

❶ Der Karfiolreis schmeckt auch kalt und als Beilage zu würzigen Curryeintöpfen (zum Beispiel statt Couscous zum *Buttermilchcurry* Seite 156) hervorragend.

Besondere Inhaltsstoffe und ihre Wirkung

In der Pflanzengruppe der Kreuzblütler, zu der auch Kohlgemüse wie der Karfiol zählt, sind besonders hohe Mengen an bestimmten sekundären Pflanzenstoffen nachweisbar, die Glycoside. Insbesondere die Senfölglycoside wirken stark antimikrobiell und entzündungshemmend. Diese Stoffe sind zudem Impulsgeber für unser Immunsystem, sie regen es damit zur verstärkten Aktivität an.

Hauptspeisen

Rezepte im Sommer

◉◉◉ Vitamine ◉◉◉ Mineralstoffe ◉◉○ Ballaststoffe ◉◉◉ sekundäre Pflanzenstoffe

MANGOLD-MAKI
mit Emmerreis

Zutaten

- 200 g Emmerreis
- 1 EL Salz
- 1 Prise Zucker
- 2 EL milder Essig wie Apfelessig
- 1 EL Leinöl oder Distelöl
- 3 große Mangoldblätter
- Salz
- frisch gemahlener Pfeffer
- Sojasauce nach Geschmack

Zubereitung

Den Emmerreis in Wasser mit 1 Esslöffel Salz und einer Prise Zucker etwa 30 Minuten weich garen. Abgießen, noch warm 2 Esslöffel Essig darübergeben und gemeinsam mit dem Leinöl gut verrühren. Auskühlen lassen. Anschließend einige Male mit dem Stabmixer kurz pürieren, um eine formbare Konsistenz zu erreichen. Die Emmerkörner sollten aber großteils noch ganz sein.

Die Mangoldblätter keilartig vom dicken Strunk befreien und in etwas heißem Salzwasser kurz blanchieren. Herausheben und mit kaltem Wasser abschrecken, behutsam, damit die Blätter nicht reißen. Anschließend etwa 2 gehäufte Esslöffel der Getreidereismasse auf je ein Mangoldblatt setzen und mit den Fingern fest zusammendrücken, sodass eine Art Rolle entsteht. Dann mit etwas Zug das Mangoldblatt eng darüberwickeln. Die „Naht" der Makirolle nach unten drehen, damit es gut hält. Jetzt vorsichtig mit einem scharfen Messer in Stücke schneiden. Mit Aioli (Seite 160) probieren.

❶ Im Sommer eignen sich auch wunderbar die Blätter vom wilden Wein zum Einwickeln. Wer es bunt mag, kann als zusätzliche Fülle rote und gelbe Paprika sowie Gurke klein würfeln und in die Masse geben. Im Herbst ergänzt kurz gebratener Kürbis die Makis.

❶ Das Rollen der Makis braucht ein bisschen Übung, hat man aber den Dreh raus, geht es recht schnell. Eine Bambusmatte, wie sie von Sushiprofis verwendet wird, hilft beim Rollen. Schmecken tun sie auch nicht ganz perfekt einfach großartig. Man darf ruhig sehen, dass sie selbst gerollt sind.

Besondere Inhaltsstoffe und ihre Wirkung

Getreidereis wird nur leicht poliert und liefert daher ein Plus an Ballaststoffen, Vitaminen und Mineralstoffen. Gleichzeitig ermöglicht diese minimale Form des Schälens eine wesentlich kürzere Kochzeit als bei ganzen Getreidekörnern.

Hauptspeisen

Rezepte im Sommer

⊙⊙○ Vitamine   ⊙⊙⊙ Mineralstoffe   ⊙⊙○ Ballaststoffe   ⊙⊙⊙ sekundäre Pflanzenstoffe   ○○○ wertvolle Fettsäuren

SPAGHETTI
mit Buchweizenbolognese

Zutaten

5 mittelgroße Tomaten
2 gelbe Zwiebeln
250 g Wurzelgemüse (Karotten, Sellerie, Petersilienwurzel)
1 mittelgroße Fenchelknolle
2 Knoblauchzehen
5 EL Pflanzenöl
200 g Tomatenmark
250 g Buchweizen
500 g Spaghetti
etwas Olivenöl (regionale Alternative: Sonnenblumenöl)
1 Bund frische Petersilie

Salz
frisch gemahlener Pfeffer

Zubereitung

Tomaten waschen, gegebenenfalls vom grünen Stängelansatz befreien und grob würfeln. Zwiebeln schälen und gemeinsam mit dem gewaschenen Wurzelgemüse, der Fenchelknolle und dem Knoblauch kleinwürfelig schneiden. In etwas Öl goldbraun anrösten.

Tomaten dazugeben, mitköcheln lassen. Tomatenmark und etwas Wasser hinzufügen und mit Salz und Pfeffer würzen. Den Buchweizen hinzufügen und etwa 15 Minuten mitgaren lassen. Bei Bedarf etwas Flüssigkeit nachgießen. Wenn die Konsistenz cremig werden soll, einfach kurz mit dem Pürierstab hineinmixen. Erst ganz am Schluss reichlich gehackte Petersilie dazugeben.

In der Zwischenzeit die Nudeln in Salzwasser bissfest kochen. Abgießen, kurz mit kaltem Wasser abschrecken (persönliche Geschmackssache und großartige Grundlage für leidenschaftliche, kulinarische Abenddiskussionen) und mit etwas Olivenöl abrühren.

---

❶ Buchweizen ist eine tolle Alternative zu faschiertem Fleisch, da er vom Mundgefühl ähnlich körnig ist. Eine andere Möglichkeit ist eine Bolognesevariante mit braunen Linsen.

Besondere Inhaltsstoffe und ihre Wirkung

Hier möchte ich einmal erwähnen, was nicht drin ist: Buchweizen ist glutenfrei. Dies ist eine tolle Sache für Menschen mit Glutenunverträglichkeit. Alle anderen müssen nicht auf Gluten verzichten, aber durch die Verwendung von Buchweizen wird die Palette an verschiedenen Produkten größer. Eine solche Vielfalt kann Unverträglichkeiten und Allergien vorbeugen.

Hauptspeisen

Rezepte im Sommer

⊙⊙○ Vitamine ⊙⊙⊙ Mineralstoffe ⊙⊙○ Ballaststoffe ⊙⊙○ sekundäre Pflanzenstoffe ○○○ wertvolle Fettsäuren

SCHAFKÄSE-PÄCKCHEN VOM GRILL
mit dreierlei Pesto

Zutaten

Für 27 Päckchen

3 Packungen Schafkäse zu je 200 g

1 gelbe Zucchini

1 mittelgroße grüne Zucchini

1 Rosmarinzweig

1 Knoblauchzehe

3 EL Sonnenblumenöl

4 frische Marillen oder Pfirsiche nach Belieben (siehe Tipp)

Salz

grob gemahlener Pfeffer

Dreierlei Pesto → Rezepte auf gegenüberliegender Seite

Zubereitung

Die Zucchini mit einem Schäler oder einem scharfen Messer längs in dünne Streifen schneiden. Diese für etwa 20 Sekunden in heißem Salzwasser blanchieren und danach gleich abschrecken. Die Rosmarinnadeln hacken und mit dem gepressten Knoblauch und Olivenöl abmischen. Den Schafkäse pro Packung in 9 Würfel schneiden. Wer etwas Arbeit einsparen möchte, kann natürlich auch größere Würfel schneiden. Das Verhältnis Zucchini zu Käse gefällt mir persönlich bei der kleineren Variante besser. Je zwei Zucchinistreifen kreuzweise übereinander legen. Die Schafkäse-Würfel mit einer Portion Knoblauch-Rosmarin-Öl auf die Zucchinistreifen setzen und einpacken. Eventuell mit einem Zahnstocher fixieren.

Die Päckchen mit grobem Pfeffer bestreuen und direkt am heißen Grill braten. Sie können aber auch in eine Form geschlichtet und bei etwa 220 °C Ober-/Unterhitze im Backrohr goldbraun gebacken werden. Dabei mit etwas Sonnenblumenöl beträufeln. Mit den Pestos und einem frischen Salat servieren.

❶ Dazu passen auch hervorragend frische, gegrillte Marillen oder Pfirsiche. Dafür die halbierten Früchte auf der Außenseite mit etwas Öl bestreichen und auf dem Grill oder in der Pfanne goldbraun anbraten.

❶ Da der Schafkäse beim Erhitzen rasch weich wird, die Päckchen bei hoher Temperatur nur kurz grillen, vorsichtig wenden und auf Teller heben.

Besondere Inhaltsstoffe und ihre Wirkung

Immer wieder hört man den Spruch: „Marillen sind die Karotten des Obstgartens". Er bezieht sich auf den hohen Gehalt an Carotinoiden in diesem Steinobst. Aber nicht nur das, zahlreiche weitere sekundäre Inhaltsstoffe wie Flavonoide und Phenolsäuren, ein hoher Ballaststoff- und Mineralstoffgehalt machen die Marille zu einer außergewöhnlich nährstoffreichen Frucht.

⊙⊙⊙ Vitamine   ⊙⊙⊙ Mineralstoffe   ⊙⊙○ Ballaststoffe   ⊙⊙○ sekundäre Pflanzenstoffe   ⊙⊙⊙ wertvolle Fettsäuren

DREIERLEI PESTO

Marillen-Pesto mit buntem Pfeffer

1 kleine gelbe Zwiebel
200 g getrocknete Marillen
1 EL Apfelessig
100 ml Olivenöl (regionale Alternative: Maiskeimöl)
20 g Walnüsse
1 Thymianzweig
1 Prise Salz
grob gemahlener bunter Pfeffer

Die Zwiebel schälen und gemeinsam mit den Marillen klein schneiden. Einen Esslöffel Essig dazugeben und mit Olivenöl mischen. Je nach Geschmack kurz aufmixen, sodass noch Stückchen zu sehen sind oder ganz fein cremig pürieren. Walnüsse und Thymian fein hacken und unterrühren. Mit Salz und Pfeffer würzen.

🛈 Sind die getrockneten Marillen sehr fest, können sie vorab in etwas lauwarmes Wasser eingelegt werden.

Würziges Tomaten-Fenchel-Pesto

1 kleine gelbe Zwiebel
50 g getrocknete Tomaten
2 Knoblauchzehen
1 Fenchelknolle
1 Handvoll Haselnüsse
100 ml Olivenöl, (regionale Alternative: Distelöl)
1 Prise Salz
frisch gemahlener Pfeffer

Die Zwiebel schälen und gemeinsam mit den getrockneten Tomaten, dem geschälten Knoblauch und der Fenchelknolle fein schneiden. Die Haselnüsse fein hacken und unterrühren. Mit dem Olivenöl mischen. Mit Salz und Pfeffer würzen.

🛈 Dieses Pesto mag ich persönlich gern mit grober Textur, es kann aber natürlich auch cremig püriert werden. Die feinen Fenchelblätter können mitverarbeitet werden.

Scharfes Pesto aus Karottengrün und Limette

1 kleine gelbe Zwiebel
1 Bund frisches Karottengrün
100 ml Olivenöl (regionale Alternative: Sonnenblumenöl)
Schale von 1 Bio-Limette
1 Handvoll Sonnenblumenkerne
1 Knoblauchzehe
1 Chili
1 Prise Salz
frisch gemahlener Pfeffer

Die Zwiebel schälen und fein schneiden. Die Karottenblätter waschen und gut trocknen. Anschließend fein hacken. Mit dem Olivenöl, abgeriebener Limettenschale, fein gehacktem Knoblauch und Sonnenblumenkernen mit dem Stabmixer pürieren. Mit Salz und Pfeffer würzen. Je nach Vorliebe mit der gehackten Chili schärfen. Die Chili-Kerne lasse ich persönlich einfach dran, dann wird es richtig schön scharf.

🛈 Wird die Schale einer Zitrusfrucht verwendet, sind Biofrüchte besonders zu empfehlen. Sie sind auch vor der Ernte keinen synthetischen Pflanzenschutzmitteln ausgesetzt und daher die „unbehandeltste" erhältliche Variante.

🛈 Häufig landen die frischen Karottenblätter leider im Abfall. Mein Nachbar aus Sri Lanka hat mich auf dieses Rezept gebracht. Das Karottengrün kann auch für Salate, Green Smoothies oder Spaghettisaucen toll genutzt werden.

🛈 Karottengrün enthält hohe Mengen an Antioxidantien wie Vitamin C und β-Carotin sowie Eisen, Ballaststoffe und Folsäure und ist einfach zu schade zum Wegwerfen.

Tipp für alle drei Pestos: Mit etwas mitgemixtem Hartkäse schmecken alle drei Varianten wunderbar.

Haltbarkeit: Pestos werden vor allem durch den Sauerstoffabschluss mit Öl haltbar gemacht. Diese Methode garantiert keine sehr lange Haltbarkeit, aber immerhin für 2 Wochen sind die Pestos im Kühlschrank gut aufgehoben. Voraussetzungen dafür sind die Abfüllung in saubere Schraubgläser, ein Anfüllen mit Öl oder Pesto bis zum obersten Rand und eine kühle, dunkle Lagerung. Die Pestos können aber auch sehr gut eingefroren werden. Zum Beispiel in Eiswürfelformen. Dann haben Sie kleine Würzwürfel, mit denen Sie verschiedene Gerichte wie Suppen, Gemüsepfannen, Eierspeisen raffiniert verfeinern können.

Schafkäse-Päckchen vom Grill mit dreierlei Pesto

Hauptspeisen

Dreierlei Pesto

KNUSPRIGE GEMÜSECHIPS
mit Sauerrahm-Dip

Zutaten

Für die Chips

250 g Kohl, z.B. Grünkohl oder Wirsing

1/2 kg festkochende Erdäpfel

200 g Karotten oder Zucchini

1 Rote Rübe

100 ml Sonnenblumenöl

grobes Salz

Für den Dip

Saft von 1 Zitrone

250 ml Sauerrahm

1/2 TL Honig

1 Handvoll Minzblätter oder andere Kräuter nach Belieben

Salz

frisch gemahlener Pfeffer

Zubereitung

Für die Kohlchips das Backrohr auf 130 °C Ober-/Unterhitze erwärmen. Für die Kohlchips die Blätter waschen und richtig gut trocken tupfen oder schleudern. Dann die mittlere Blattrippe entfernen und die Kohlblätter in grobe Stücke zupfen. Den Kohl in nur einer Lage auf Backpapier auf ein Backblech legen. Das Öl in einem dünnen Strahl über den Blättern verteilen und leicht einmassieren, sodass sie überall gut benetzt sind. Grobes Salz darüberstreuen. Für etwa 10 Minuten backen und gut darauf achten, dass sie nicht verbrennen. Das passiert nämlich sehr schnell.

Die restlichen Gemüsechips können gemeinsam gemacht werden. Die Ofentemperatur dafür auf 150 °C erhöhen. Die Erdäpfel und Karotten oder Zucchini gut waschen, die Rote Rübe schälen und alles in sehr feine Scheiben schneiden. In einer Schüssel gut mit Öl und Salz mischen. Die Stücke auf ein mit Backpapier belegtes Blech legen und auf der mittleren Schiene etwa 20–25 Minuten knusprig backen. Zwischendurch öfter wenden.

Für den Dip die Zitrone pressen. Mit dem Sauerrahm und wenig Honig verrühren und nach Geschmack mit Salz und Pfeffer würzen. Die Minzblätter grob zupfen und untermengen.

❍ Die Backrohrtüre ab und zu öffnen oder mit einem Kochlöffel einen kleinen Spalt offen halten, damit Wasserdampf entweichen kann.

❍ Wer es gern würzig mag, kann unter den Dip auch noch eine gepresste oder fein gehackte Knoblauchzehe mischen.

Besondere Inhaltsstoffe und ihre Wirkung

Da den Gemüsechips das Wasser entzogen wird, haben sie eine besonders hohe Nährstoffdichte pro 100 g. Vor allem die sekundären Pflanzenstoffe wie die Senfölglycoside aus dem Kohl, die Carotinoide aus der Karotte und der Farbstoff Betanin aus der Roten Rübe sind in großer Menge in diesem Snack enthalten.

Snacks

⊙⊙○ Vitamine ⊙⊙⊙ Mineralstoffe ⊙⊙⊙ Ballaststoffe ⊙⊙○ sekundäre Pflanzenstoffe

ERFRISCHENDER LINSENSALAT
mit Birnen

Zutaten

250 g getrocknete braune Linsen

1 gelbe Zwiebel

1 Knoblauchzehe

1 gelbe Paprika

1 rote Paprika

3 Radieschen

2 Birnen

1 Prise gemahlener Kümmel oder Kreuzkümmel

Saft von 2 Zitronen

5 EL Leinöl oder Distelöl

1 Bund frische Petersilie

Salz

frisch gemahlener Pfeffer

Zubereitung

Die Linsen in ca. 1 Liter leicht gesalzenem Wasser für etwa 60 Minuten kochen, sodass sie gar, aber noch bissfest sind. Die Zwiebel und den Knoblauch schälen und gemeinsam mit Paprikas, Radieschen und Birnen klein schneiden. Die Linsen kalt abschrecken, mit den restlichen Zutaten vermengen und mit Salz, Pfeffer, Kümmel, Zitronensaft und Öl würzen. 20 Minuten ziehen lassen. Frische Petersilie grob zupfen oder hacken und erst kurz vor dem Essen darunter rühren.

❶ Werden die Linsen vor dem Kochen für mindestens 3 Stunden in lauwarmem Wasser eingeweicht, verkürzt sich die Kochzeit auf etwa 40 Minuten. In leicht gesalzenem Wasser platzen die braunen Linsen nicht so leicht auf und bleiben formschön. Weitere Infos zu *Hülsenfrüchte kochen* auf Seite 82.

❶ Wer die leicht mehlige Konsistenz von Linsen nicht mag, sollte das Rezept mit Belugalinsen versuchen. Die kleinen schwarzen Hülsenfrüchte müssen nicht eingeweicht werden und sind in etwa 20 Minuten gar. Sie bleiben angenehm bissfest.

Besondere Inhaltsstoffe und ihre Wirkung

Linsen sind eine hervorragende Quelle für pflanzliches Eiweiß, Eisen und Ballaststoffe. Das Vitamin C der Zitronenmarinade unterstützt die Eisenaufnahme aus dem Darm.

Snacks

Rezepte im Sommer

⊙⊙⊙ Vitamine　　⊙⊙⊙ Mineralstoffe　　⊙⊙⊙ Ballaststoffe　　⊙⊙◯ wertvolle Fettsäuren

BUNTE FRISCHKÄSE-CHILI-BÄLLCHEN

Zutaten

1 gelbe Zwiebel

1 rote Paprika

1 gelbe Paprika

1 kleiner Bund Petersilie

500 g Frischkäse

50 g gemahlene Leinsamen

1 Chili

1 EL Leinöl

8 Scheiben Pumpernickel

Salz

grober bunter Pfeffer

Zubereitung

Die Zwiebel, die rote und gelbe Paprika in sehr kleine Würfel schneiden und beiseite stellen. Petersilie hacken und gemeinsam mit dem Frischkäse, den gemahlenen Leinsamen und dem Öl in einer Schüssel mischen. Die Chili – je nach Schärfevorliebe mit oder ohne Kerne – klein schneiden und gemeinsam mit Salz und Pfeffer hinzufügen. Die Hände waschen und noch feucht Kugeln aus der Masse formen. In den Gemüsewürfeln und eventuell noch in gehackter Petersilie wälzen. Bis zum Genuss im Kühlschrank aufbewahren. Gemeinsam mit dem Pumpernickel anrichten.

❶ Die Gemüsewürfel können auch direkt unter die Frischkäsemasse gemischt werden. Zu den Frischkäsebällchen passen hervorragend würziger Pumpernickel oder selbst gebackenes Vollkorn-Nussbrot (Seite 102).

❶ Aus gemahlenen Leinsamen können alle Inhaltsstoffe optimal aufgenommen werden, während Leinsamen im Ganzen als wertvolle Ballaststoffe verdauungsanregend wirken.

❶ Gemahlene Nüsse geben den Frischkäsebällchen zusätzlich ein tolles Aroma und den gewissen Crunch.

Besondere Inhaltsstoffe und ihre Wirkung

Leinsamen können mit ihrem hohen Gehalt an Ballaststoffen, Kalzium, Eisen und Omega-3-Fettsäuren locker mit den allseits gehypten Chiasamen mithalten. Leider werden sie aber nicht so gut vermarktet. Oder vielleicht auch gut so: Die gesundheitsfördernden heimischen Samen in Bioqualität sind um mehr als die Hälfte günstiger als die Chiasamen.

Snacks

⊙⊙○ Vitamine ⊙⊙⊙ Mineralstoffe ⊙⊙○ Ballaststoffe ⊙⊙⊙ wertvolle Fettsäuren

POLENTA-SANDWICH
mit Antipasti

Zutaten

Für die Polenta

- 80 g Parmesan
- 20 g getrocknete Tomaten
- 1 Knoblauchzehe
- 1 Rosmarinzweig
- 100 g Butter
- 250 ml Milch
- 250 ml Wasser oder Gemüsesuppe
- 1 Schuss Weißwein
- 125 g Polenta
- frisch geriebene Muskatnuss
- Mehl zum Wenden
- 5 EL Pflanzenöl zum Herausbacken

Für die Fülle

- 1 gelbe Paprika
- 1 rote Paprika
- 1/2 Melanzani
- 1 kleine Zucchini
- 2 Knoblauchzehen
- 3 EL dunkler Balsamico-Essig (regionale Alternative: Apfel-Balsam-Essig)
- 3 EL Olivenöl (regionale Alternative: Sonnenblumenöl)
- frische Salatblätter nach Belieben
- Salz
- frisch gemahlener Pfeffer

Zubereitung

Am besten am Vortag vorbereiten: Parmesan grob reiben. Die getrockneten Tomaten und den Knoblauch fein würfeln und gemeinsam mit grob gehacktem Rosmarin in der Butter anrösten. Mit Milch, bereits gesalzenem Wasser oder der Gemüsesuppe und einem Schuss Weißwein ablöschen und aufkochen lassen. Von der Hitze nehmen und rasch die Polenta einrühren. Unter Rühren quellen lassen und zum Schluss den Parmesan, die getrockneten Tomaten und die Gewürze hinzufügen. Abschmecken, in eine geeignete, am besten ausgefettete oder mit Backpapier ausgelegte Form füllen (die Polenta sollte ca. 1 cm dick sein) und über Nacht auskühlen lassen.

Am nächsten Tag Paprika, Melanzani und Zucchini in Streifen schneiden und gemeinsam mit fein gehacktem Knoblauch kräftig in Öl anbraten. Mit Salz und Pfeffer würzen und mit etwas Balsamico-Essig ablöschen. Zur Seite stellen. Die fest gewordene Polentamasse aus der Form stürzen, in Stücke schneiden, leicht in Mehl wenden und in der Pfanne mit etwas Öl goldbraun und knusprig herausbraten. Die Polentaschnitten mit dem gebratenen Gemüse und Salatblättern füllen und noch warm servieren.

---

❶ Die Masse kann auch auf ein mit Frischhaltefolie belegtes Backblech gestrichen werden. Dann auskühlen lassen und in passende Stücke schneiden. Kommt die Polenta direkt aus dem Kühlschrank, lässt sie sich wunderbar schneiden und herausheben.

Besondere Inhaltsstoffe und ihre Wirkung

Polenta ist in vielen europäischen Küchen fast von der Speisekarte verschwunden. In diesem Rezept bildet der Maisgrieß eine Alternative zum häufig verwendeten Weizen. Er ist im Vergleich zu anderen Getreidesorten kalorienärmer und liefert ein Plus an sekundären Pflanzenstoffen in Form von Carotinoiden.

Snacks

Rezepte im Sommer

⊙⊙⊙ Vitamine　　⊙⊙⊙ Mineralstoffe　　⊙⊙○ Ballaststoffe　　⊙⊙○ sekundäre Pflanzenstoffe

ARME RITTER
mit knallig grünem Erbseneis

Zutaten

Für das Eis

250 g grüne Erbsen, frisch oder tiefgekühlt

1 Minzezweig

80 ml Schlagobers

Saft von 1 Zitrone

150 g Joghurt

50 g feiner Staubzucker

1 Prise Salz

20 g Haselnüsse

Für die Armen Ritter

8 Scheiben Weißbrot, Brioche oder Semmeln vom Vortag

ca. 50 g Powidl oder eine andere Marmelade

300 ml Milch

2 Eier

1 Prise Zimt

Butter oder Öl zum Herausbacken

Staubzucker zum Bestreuen

Zubereitung

Für das Eis frische Erbsen für etwa 3 Minuten in kochendem Wasser garen. Eiskalt abschrecken, damit sie ihre schöne Farbe behalten. Werden tiefgefrorene Erbsen verwendet, diese vorab auftauen lassen oder 1 Minute in kochendes Wasser geben, um sie gut mixen zu können. Die Minzblätter abzupfen und klein hacken. Anschließend alle Zutaten, bis auf die Nüsse, gut mixen. Die Nüsse mit dem Messer fein hacken, ein paar für die Garnitur aufheben, und unterrühren. Abschmecken, ob die Süße persönlich passt, eventuell mit etwas mehr Staubzucker anpassen. Dann kommt die Masse für mindestens 3 Stunden in den Tiefkühler. Dabei etwa alle 30 Minuten gut umrühren und Luft unterschlagen, um ein feines, cremiges Eis zu erhalten. Wer eine Eismaschine hat, kann das Eis natürlich auch darin zubereiten.

Für die Armen Ritter das Weißbrot in etwa 1 cm dicke Scheiben schneiden. Je zwei Scheiben mit einem Klecks Powidlfülle zusammenfügen. Milch mit Eiern und Zimt verquirlen. In einer Pfanne Butter oder Öl erhitzen. Die Brote beidseitig in die Milchmischung tauchen und sofort goldbraun herausbacken. Mit dem Eis anrichten.

❶ Brot ist das Lebensmittel, das am häufigsten im Abfall landet, schade darum. Arme Ritter sind eine großartige Möglichkeit, um trocken gewordenes Weißbrot zu einer herrlichen Süßspeise zu verarbeiten.

Besondere Inhaltsstoffe und ihre Wirkung

Diese Variante gehört wohl zu den gesündesten Möglichkeiten, Eis zu naschen. Die Erbsen liefern reichlich Ballaststoffe und Chlorophyll. Und sie sind von Natur aus süß, wodurch der Zucker- oder Honigzusatz verringert werden kann.

Süßes

⊙⊙⊙ Vitamine ⊙⊙⊙ Mineralstoffe ⊙⊙○ Ballaststoffe ⊙⊙○ sekundäre Pflanzenstoffe

KEFIRNOCKERL
mit Hollerkoch

Für den Hollerkoch
(ergibt 4 Schraubgläser zu je 250 ml)

- 1 kg Holunderbeeren
- 200 g Zwetschken
- 1 Birne
- 1 Apfel
- 200 g Zucker
- 2 Zimtstangen
- 5 Gewürznelken

Für die Nockerln

- 180 g Kefir
- 100 g Topfen
- 150 g Honig
- 1 Vanilleschote
- 200 ml Schlagobers
- 1 Minzezweig
- gemahlener Zimt zum Bestreuen

Zubereitung

Für den Hollerkoch das Obst waschen. Die Holunderbeeren abrebeln. Die Zwetschken, Birne und Apfel entkernen und grob würfelig schneiden. Alle Zutaten gemeinsam aufkochen, schwach wallend für etwa 30 Minuten garen, öfter umrühren. Eventuell etwas Wasser dazugeben, sollte die Masse zu dick sein.

Für die Nockerln den Kefir mit dem Topfen, Honig und dem Mark aus der Vanilleschote verrühren. Das Schlagobers steif schlagen und vorsichtig unter die Masse heben. Gleich zu Nockerln formen und servieren oder bis zum Anrichten im Kühlschrank aufbewahren, dies aber nicht zu lange, da das Schlagobers mit der Zeit seine Stabilität verliert.

Die Nockerln mit Hollerkoch anrichten. Mit Minzblättchen und einer Prise Zimt garniert servieren.

---

❶ Holunderbeeren findet man auf vielen Märkten. Wer Lust hat, sie selbst zu sammeln, muss einfach nur die Augen offen halten. Holundersträucher sind weit verbreitet und warten nur darauf, abgeerntet zu werden. Am besten an verkehrsarmen Plätzen sammeln. Holunderbeeren müssen vor dem Verzehr gekocht werden, da sie in unreifem Zustand giftige Substanzen enthalten, die zu Verdauungsproblemen führen können.

❶ Für den Hollerkoch ist hier gleich eine größere Menge angegeben als für vier Personen, da er heiß, in saubere Schraubgläser abgefüllt, gut haltbar ist. Wer das nicht möchte, sollte nur die halbe Menge zubereiten.

❶ Um die Nockerln noch stabiler zu machen, kann Pektin als Geliermittel verwendet werden. Dieses laut Packungsangabe verarbeiten und in die Masse rühren.

Besondere Inhaltsstoffe und ihre Wirkung

Holunderbeeren haben einen außergewöhnlich hohen Gehalt an schwarz-violetten Farbstoffen, den Anthocyanen. Sie haben ein großes antioxidatives Potential. In der Naturheilkunde werden dem Holunder auch immunstärkende Eigenschaften durch seine Gerbstoffe und enthaltenen Vitamine zugeschrieben.

Süßes

Rezepte im Sommer

⊙⊙○ Vitamine   ⊙⊙⊙ Mineralstoffe   ⊙⊙○ Ballaststoffe   ⊙⊙⊙ sekundäre Pflanzenstoffe

ERDBEER-RHABARBER-MARMELADE
mit buntem Pfeffer

Zutaten für 6 Gläser (je 250 ml)

- 400 g Rhabarber
- 800 g Erdbeeren
- 1 EL grob geschroteter bunter Pfeffer
- Saft von 3 Zitronen
- 400 g 3:1 Gelierzucker

Zubereitung

Vom Rhabarber in dünnen Fäden die Schale abziehen. In 1 cm breite Stücke schneiden.

Die Erdbeeren mit Stiel waschen, da sie sich sonst mit Wasser vollsaugen. Entstielen und gut abtropfen lassen. Vierteln, mit dem Rhabarber abwiegen und Gelierzuckermenge bestimmen – 1/3 des Fruchtgewichts entspricht der benötigten Menge an Gelierzucker. Die Fruchtmasse mit dem Gelierzucker, Pfeffer und dem Zitronensaft verrühren und 30 Minuten ziehen lassen.

In der Zwischenzeit die Gläser und Deckel mit kochendem Wasser reinigen oder bei 100 °C für 30 Minuten im Backrohr sterilisieren.

Anschließend die Frucht-Zucker-Mischung für etwa 5 Minuten aufkochen, eine kleine Menge auf einen kühlen Teller tropfen lassen und sehen, ob sie fest wird (Gelierprobe). Wenn nicht, noch etwas Zitronensaft hinzufügen, kurz aufkochen lassen und die Gelierprobe wiederholen. Meistens fehlt es an etwas Säure, um den Geliervorgang zu starten.

Noch heiß in die sauberen Gläser einfüllen und verschließen. Auf den Kopf stellen und auskühlen lassen.

Wer keinen Pfeffer in seiner Marmelade mag, kann ihn natürlich einfach weglassen. Auch Variationen mit verschiedenen essbaren Blüten oder mit Kräutern wie Minze oder Zitronenmelisse passen hervorragend zum Geschmack des dynamischen Duos.

In saubere Gläser abgefüllte heiße Marmelade ist jahrelang haltbar, vorausgesetzt, die Deckel schließen dicht ab und sie wird in dunklen, kühlen Räumen gelagert. Nach etwa zwei Jahren kann ich aber empfehlen, die Marmelade zu verbrauchen, da die Qualität ein wenig nachlässt bzw. wertvolle Inhaltsstoffe verloren gehen.

Besondere Inhaltsstoffe und ihre Wirkung

Die roten Farbstoffe der Erdbeere gehören zu den sekundären Pflanzenstoffen der Gruppe Flavonoide. Da die Beeren von Natur aus sehr weich sind und auch Rhabarber schnell zerkocht, reicht ein kurzes Aufkochen, um das enthaltene Vitamin C zu bewahren.

Süßes

Rezepte im Sommer

⊙⊙○ Vitamine   ⊙⊙⊙ Mineralstoffe   ⊙⊙○ Ballaststoffe   ⊙⊙○ sekundäre Pflanzenstoffe

REZEPTE

im Herbst

SCHNELLER HAFERDRINK
selbst gemacht

Zutaten

Für etwa 300 ml

- 25–50 g feine Haferflocken
- 250 ml lauwarmes Wasser
- 1 Prise Salz
- etwas Honig

- eventuell ein Tuch, feines Sieb oder Filter

Zubereitung

Die Haferflocken mit dem Wasser und der Prise Salz in einem Mixer auf höchster Stufe mixen. Ein wenig Honig bringt eine angenehme Süße. Nun kann der Haferdrink nach Wunsch gefiltert werden. Das ist aber eigentlich nicht nötig, wenn fein genug gemixt wird. Es sind wertvolle Inhaltsstoffe, die durch das Sieben verloren gehen.

> Je mehr Flocken verwendet werden, umso sämiger wird der Haferdrink. Am besten schmeckt er frisch, da sich nach einer Stehzeit die Bestandteile trennen und nicht mehr so leicht mit der Hand wieder homogen aufschütteln lassen. Falls das passiert, nochmal kräftig aufmixen.

GOOD MORNING-MIX
mit Haferdrink, Trauben und Nüssen

Zutaten

- 1 l Haferdrink (wie oben beschrieben)
- 100 g blaue Trauben
- 20 g Walnüsse
- 2 EL Honig
- 2 EL Leinöl

Zubereitung

Etwa ein Viertel des Haferdrinks in einen Mixer gießen. Die Weintrauben waschen und vom Stiel rebeln. Gemeinsam mit den Nüssen und dem Honig in den Mixer geben und kräftig mixen. Erst wenn alles gut zerkleinert ist, den restlichen Haferdrink und das Leinöl hinzufügen. Je nach Vorliebe mit mehr Honig abschmecken.

Besondere Inhaltsstoffe und ihre Wirkung

In der äußeren Haut von Traubenkernen sitzen hoch wirksame Antioxidantien, die Oligomeren Proanthocyanidine (OPC). Trauben mit Kernen haben also mehr dieser Inhaltsstoffe zu bieten als kernlose Sorten. Auf die Kerne zu beißen erhöht die Freisetzung der wasserlöslichen OPC.

Hafer liefert uns wertvolle lösliche Ballaststoffe, die sogenannten β-Glucane. In einer Kombination mit frischen Trauben und Nüssen der perfekte Frühstücksdrink in stressigen Zeiten. Sowohl β-Glucane, als auch Vitamin C aus den Trauben und Lecithin aus den Nüssen stärken unser Immunsystem.

Frühstück

Rezepte im Herbst

⊙⊙○ Vitamine   ⊙⊙○ Mineralstoffe   ⊙⊙○ Ballaststoffe   ⊙⊙⊙ sekundäre Pflanzenstoffe   ⊙⊙○ wertvolle Fettsäuren

SUPERFOOD-FRÜHSTÜCKS-KUCHEN

Zutaten

Für eine Springform mit Durchmesser 24 cm

- 100 g Dinkelflocken
- 50 ml Apfelsaft
- 50 g getrocknete Marillen
- 50 g getrocknete Zwetschken
- 3 EL gemahlene Leinsamen
- 60 g gemischte Nüsse (Walnüsse, Haselnüsse, etc.)
- 2 Äpfel
- 2 EL Honig
- 3 EL Öl
- 250 g Weizen-Vollkornmehl
- 1 EL Backpulver (Weinstein)
- 1 TL Salz
- Öl zum Ausfetten der Form

Zubereitung

Die Flocken mit einem Schuss Apfelsaft verrühren und kurz ziehen lassen. Die Trockenfrüchte klein schneiden und mit den Flocken, Leinsamen und gehackten Nüssen verrühren. Die Äpfel waschen, entkernen und fein reiben. Gemeinsam mit dem Honig und Öl dazugeben. Das Mehl mit dem Backpulver und dem Salz mischen und unterheben. Immer etwas Wasser dazugeben, bis eine feste, aber cremige Masse entstanden ist. Die Kuchenform mit etwas Öl ausfetten. Den Teig hinein füllen und einige Minuten stehen lassen. In der Zwischenzeit das Backrohr auf 180 °C Ober-/Unterhitze vorheizen. Etwa 50 Minuten backen.

❶ Zum Frühstückskuchen serviere ich gerne meinen selbst angebauten Jiaogulan-Tee. Das „Kraut der Unsterblichkeit" kann auch als Blattgemüse und als Salat verwendet werden. In der chinesischen Medizin wird es als ausgleichende, geistesanregende Heilpflanze verwendet. Den sogenannten Saponinen im Jiaogulan (Aussprache *Dschau-Gu-Lan*) werden zahlreiche gesundheitsfördernde Wirkungen zugeschrieben. Jiaogulan ist im gut sortierten Pflanzenhandel erhältlich und er wächst, wenn er gute Bedingungen hat, sehr gut auf dem Balkon und ist gleichzeitig eine dekorative Kletterpflanze.

Besondere Inhaltsstoffe und ihre Wirkung

Die getrockneten Früchte haben einen besonders hohen Nährwertgehalt pro 100 g. Sie liefern gemeinsam mit den gemahlenen Leinsamen reichlich Ballaststoffe und Mineralstoffe.

Frühstück

Rezepte im Herbst

⊙⊙○ Vitamine   ⊙⊙⊙ Mineralstoffe   ⊙⊙⊙ Ballaststoffe   ⊙⊙⊙ sekundäre Pflanzenstoffe   ⊙⊙○ wertvolle Fettsäuren

EI IM HOKKAIDO-MANTEL

Zutaten

1 Hokkaido, Durchmesser 10–12 cm

150 g Portulak, alternativ Jungspinat oder Vogerlsalat

5 EL Weißweinessig

3 EL Olivenöl (regionale Alternative: Kürbiskernöl)

3 EL Pflanzenöl zum Braten

4 Eier

Salz

frisch gemahlener Pfeffer

Zubereitung

Den Hokkaido waschen, den Deckel abschneiden und mit Hilfe eines Löffels entkernen. Mit einem scharfen Messer in etwa 2 cm dicke Scheiben schneiden, und zwar so, dass in der Mitte jeder Scheibe ein Loch für das Spiegelei entsteht. Den Portulak waschen, gut abtropfen und mit Salz, Pfeffer, Essig und Olivenöl würzen.

Das Öl in einer Pfanne vorheizen, eine Hokkaidoscheibe hineinlegen und auf einer Seite etwa 2 Minuten braten. Wenden und sofort vorsichtig ein Ei in die Mitte aufschlagen. Salzen und pfeffern und bei mittlerer Hitze so lange garen, bis das Ei die persönlich gewünschte Garstufe, von flüssigem bis festem Eidotter, erreicht hat. Mit dem marinierten Portulak anrichten.

❶ Wenn nur ein anderer Kürbis als Hokkaido zur Verfügung steht, die Schale einfach dran lassen und erst am Teller vom Kürbisfleisch lösen, das geht in der Regel sehr einfach. Für das Rezept sind grundsätzlich alle Kürbisse mit einem Durchmesser von etwa 10 cm geeignet.

❶ Zum Verfeinern des Portulaksalats eignen sich ein paar klein gehackte, geröstete Hasel- oder Walnüsse.

❶ Portulak wächst ungefragt in vielen Gärten und Mauerfugen. Das Ernten und Essen ist also sinnvolle Unkrautbekämpfung. Die Kulturform kann auch als Balkonpflanze genutzt werden. Die schnellwüchsige Pflanze ist bereits nach 3 bis 4 Wochen erntereif und wächst dann die ganze Saison noch dichter nach.

Besondere Inhaltsstoffe und ihre Wirkung

Es ist die Kombination der Zutaten, die dieses Gericht zum Superfood-Frühstück macht. Das Ei liefert wertvolles Eiweiß und Vitamine, der Kürbis komplexe Kohlenhydrate und Ballaststoffe. Der Portulak enthält entzündungshemmende Schleimstoffe, viel Vitamin C, Eisen und Kalzium. Die ebenfalls in kleinen Mengen enthaltenen Cumarine (besonders aromatisch duftende sekundäre Pflanzenstoffe) wirken gerinnungshemmend, halten also unser Blut im Fluss.

Frühstück

Rezepte im Herbst

⊙⊙○ Vitamine   ⊙⊙⊙ Mineralstoffe   ⊙⊙⊙ Ballaststoffe   ⊙⊙⊙ sekundäre Pflanzenstoffe   ⊙⊙○ wertvolle Fettsäuren

BAGEL
mit Melanzanicreme, Stangensellerie, Kresse und Neuseeländer Spinat

Zutaten

Für die Melanzanicreme
- 1 Melanzani
- 2 Knoblauchzehen
- Saft von 1 Zitrone
- 1 EL Distelöl
- 1 kleiner Bund Petersilie

Für 8 Bagels
- 400 g Weizenmehl
- 1 Pkg. Trockengerm
- 1 EL Salz
- 1 EL Zucker
- 2 EL Öl
- etwa 300 ml Wasser für den Teig
- 1 Prise Salz
- 1 Prise Zucker
- Belag nach Belieben z. B. Leinsamen, Mohn oder Sonnenblumenkerne

Weitere Fülle
- 1 Stangensellerie
- 2 EL Pflanzenöl
- 1 Handvoll Neuseeländer Spinat, alternativ Blattspinat oder Rucola
- 1 rote Paprika
- 2 Handvoll Kresse
- 1 Handvoll Sprossen z. B. Alfalfa oder Rettichsprossen
- Salz
- frisch gemahlener Pfeffer

Besondere Inhaltsstoffe und ihre Wirkung

Sprossen von Retticharten oder Kohlgemüse und Gartenkresse sind reich an Senfölglycosiden, die unsere Verdauung unterstützen und das Immunsystem stärken. Kresse wird meist im kleinen Wachstumsstadium genutzt, kann aber ohne Geschmackseinbußen bis zu 20 cm lang werden. Ganz im Gegenteil, wer es scharf mag, wird die große Kresse lieben, sie wird mit jedem Zentimeter immer pikanter.

Zubereitung

Das Backrohr auf 200 °C Ober-/Unterhitze vorheizen. Die Melanzani waschen, anschließend mit einem Messer oder einer Gabel an mehreren Stellen einstechen und für etwa 30 Minuten ins Rohr geben.

Für die Bagels alle Zutaten verkneten, bis ein geschmeidiger Teig entsteht. Das dauert etwa 15 Minuten. Anschließend 30 Minuten ruhen lassen.

In der Zwischenzeit die Melanzani aus dem Rohr nehmen und abkühlen lassen. Noch warm halbieren und das weiche Innenleben mit einem Löffel aus der Schale lösen. In einer Schüssel mit gepresstem Knoblauch, Zitronensaft, Öl, Salz und Pfeffer würzen. Petersilie hacken und dazumischen.

Den Bagelteig in 8 gleich große Stücke teilen, kugelig kneten und flach drücken. Mit einem Kochlöffel bis zum Boden in die Mitte bohren und mit kreisenden Bewegungen nicht zu kleine Löcher formen, da sich diese sonst wieder schließen. Mit einem Tuch abdecken und nochmals 20 Minuten gehen lassen.

In einem großen Topf Wasser mit Salz und Zucker zum Kochen bringen. Mohn oder andere Bestreuung auf einem Teller herrichten. Die Bagels vorsichtig auf jeder Seite bei wallendem Wasser 1 Minute kochen lassen. Herausnehmen, etwas abtropfen lassen, mit der Oberseite sofort in die gewünschte Bestreuung drücken und auf ein mit Backpapier belegtes Blech setzen. Anschließend etwa 15 Minuten im Backrohr goldbraun backen. Etwas auskühlen lassen.

Für die Fülle den Stangensellerie waschen, in Scheiben schneiden und kurz in etwas Öl anbraten. Den Neuseeländer Spinat waschen und gut abtropfen lassen. Paprika entkernen und in Streifen schneiden.

Die Bagels in der Mitte durchschneiden und nach Belieben mit Neuseeländer Spinat, Rucola, Melanzanicreme, Stangensellerie, Paprika, Kresse und Sprossen füllen. Noch einmal leicht darübersalzen und -pfeffern.

Frühstück

Rezepte im Herbst

⊙⊙○ Vitamine   ⊙⊙⊙ Mineralstoffe   ⊙⊙⊙ Ballaststoffe   ⊙⊙⊙ sekundäre Pflanzenstoffe

GETREIDEBRATEN
mit Selleriepüree

Zutaten

Für den Braten

- 500 g geschroteter Grünkern
- 2 Bund Wurzelgemüse
- 3 Zwiebeln
- 3 EL Maiskeimöl
- 2 Eier
- 3 EL Semmelbrösel oder feine Haferflocken
- 1 Bund frische Petersilie
- 1 TL getrockneter Majoran
- 1 Prise Zimt

Für das Püree

- 1 kleiner Knollensellerie (ca. 500 g mit Schale)
- 1 kg mehlige Erdäpfel
- 1/8 l Milch
- 2 EL Butter
- 1 Prise frisch geriebene Muskatnuss
- Salz
- frisch gemahlener Pfeffer

Zubereitung

Den Grünkern in gut gesalzenem Wasser etwa 20 Minuten bissfest kochen. Abseihen und mit kaltem Wasser abspülen. Backrohr auf 180 °C Ober-/Unterhitze vorheizen. Das Wurzelgemüse waschen, gegebenenfalls schälen und fein reiben. Die Zwiebeln schälen und in feine Würfel schneiden. Maiskeimöl in einer Pfanne erhitzen und die Gemüseraspel mit den Zwiebeln darin anrösten. Grünkernschrot, Gemüse und Zwiebeln mischen und mit den Eiern, Semmelbröseln und gehackter Petersilie vermengen. Einige Male mit dem Pürierstab hineinmixen, um eine homogene Masse zu erhalten. Die Masse soll von der Konsistenz her gut formbar sein. Ist sie zu weich, noch ein wenig Semmelbrösel dazugeben. Mit Majoran, einer Prise Zimt, Salz und Pfeffer würzen. Eine passende, backofenfeste Form mit Öl ausfetten, die Masse hineinfüllen und festdrücken. Im Backrohr etwa 30 Minuten backen.

Für das Püree den Sellerie und die Erdäpfel schälen und würfeln. Dabei den Sellerie kleiner schneiden als die Erdäpfel, da er fester ist und sonst länger zum Weichkochen braucht. In heißem Salzwasser kochen, bis sie weich sind, abgießen und ausdampfen lassen. Mit der Erdäpfelpresse zerdrücken, mit heißer Milch, Butter, Muskatnuss und Salz mischen.

---

❶ Zum Getreidebraten passen sehr gut Salate aus Wurzelgemüse, wie Roter-Rüben-Salat oder Selleriesalat. Aber auch ein Coleslaw (Seite 110) ist eine feine Begleitung dazu.

❶ Das Rösten von Zwiebeln und Wurzelgemüse gibt dem Getreidebraten ein herrliches Aroma.

Besondere Inhaltsstoffe und ihre Wirkung

Grünkern ist die unreife, gedarrte (geröstete) Form des Dinkels und zurzeit eine seltene Zutat auf unseren Tellern. Er hat einen unvergleichbaren nussartigen Geschmack, der auf die Röstung zurückgeht, und ist reich an Eiweiß und wertvollen Ballaststoffen. Sellerie ergänzt das Gericht wunderbar mit seinem hohen Mineralstoffgehalt.

Hauptspeisen

Rezepte im Herbst

⊙⊙○ Vitamine ⊙⊙⊙ Mineralstoffe ⊙⊙○ Ballaststoffe

KAROTTEN-SANDDORN-SUPPE

Zutaten

200 g Sanddornbeeren, alternativ 100 ml Sanddornsaft (Muttersaft)

1/2 Stange Porree

1 kleiner Apfel

600 g Karotten

2 EL Maiskeimöl

750 ml Wasser oder Gemüsesuppe

Sauerrahm oder geschlagenes Obers zum Verfeinern

Salz

frisch gemahlener Pfeffer

Zubereitung

Die Sanddornbeeren in einen Topf geben und knapp mit Wasser bedecken. Aufkochen und auf niedriger Temperatur 10 Minuten ziehen lassen. Die Früchte anschließend durch ein Sieb streichen, um die Kerne zu entfernen.

Den Porree der Länge nach halbieren und in feine Scheiben schneiden. Den Apfel vierteln, entkernen und in Scheiben schneiden. Die Karotten waschen und würfeln. 2/3 des Porrees in einem Topf in 1 Esslöffel Öl anrösten, 2/3 der Apfelscheiben und die Karotten mitrösten. Mit etwa 750 ml Wasser oder Gemüsesuppe aufgießen und würzen. 15 Minuten köcheln lassen. Mit dem Pürierstab aufmixen. Restlichen Porree und Apfel in einer Pfanne in etwas Öl anbraten. Den Sanddornbrei bzw. -saft erst kurz vor dem Anrichten dazugeben. Mit den gerösteten Porreestreifen und Apfelscheiben servieren. Nach Belieben noch mit einem Löffel Sauerrahm oder geschlagenem Obers verfeinern.

---

❶ Nach Zugabe des Sanddorns nicht mehr aufkochen, da sonst viel Vitamin C verlorengeht.

Besondere Inhaltsstoffe und ihre Wirkung

Sanddorn ist selbst für eine Beere ungewöhnlich reich an Vitamin C. Im Vergleich: 100 g Sanddorn enthalten je nach Sorte 200 bis 800 mg Vitamin C. Dieselbe Menge an Erdbeeren, Himbeeren oder den für ihren guten Vitamin-C-Gehalt bekannten Zitronen oder Orangen liefert hingegen nur bis zu 50 mg, das ist die Hälfte der empfohlenen Tagesaufnahme. Die Schwarze Johannisbeere ist mit ihren 170 mg Vitamin C pro 100 g ebenfalls ein Spitzenreiter.

Hauptspeisen

Rezepte im Herbst

⊙⊙⊙ Vitamine   ⊙⊙⊙ Mineralstoffe   ⊙⊙○ Ballaststoffe   ⊙⊙○ sekundäre Pflanzenstoffe

Vegetarischer
CAESAR'S SALAD

Zutaten

- 250 g Römersalat
- 4 Eier
- 200 g Weiß- oder Schwarzbrot
- 3 EL Sonnenblumenöl
- 5 Radieschen
- 4 Birnen
- 3 EL Apfelessig
- 1 EL Senf
- 1 Knoblauchzehe
- 5 EL Leinöl oder kaltgepresstes Rapsöl
- 50 g würziger Hartkäse
- 150 ml Joghurt
- 1 kleiner Bund Schnittlauch
- Salz
- frisch gemahlener Pfeffer

Zubereitung

Den Salat teilen, waschen und in mundgerechte Stücke zupfen. Die Eier in etwa 10 Minuten hart kochen und kalt abschrecken. Das Brot in Würfel schneiden und in etwas Sonnenblumenöl knusprig anrösten. Die Radieschen und Birnen waschen und in Scheiben schneiden. Den Essig mit Senf, Knoblauchzehe, Salz und Pfeffer mit dem Pürierstab aufmixen. Dann während des Mixens das Leinöl langsam einfließen lassen, sodass eine cremige Konsistenz entsteht. Die Hälfte des Käses grob brechen und mitmixen. Das Joghurt dazurühren. Die Eier schälen und vierteln.

Den Schnittlauch fein ringelig schneiden. Alle Zutaten bis auf die Eier in einer Schüssel gut vermischen. Den Salat dabei nicht quetschen. Anrichten und die Eier und den restlichen Käse gehobelt daraufsetzen. Mit Schnittlauchröllchen bestreuen.

❶ Croûtons als Topping sorgen für ein extraknuspriges Mundgefühl. Dafür können Brotreste jeder Art sehr gut verwendet werden. Mit etwas Knoblauch in Butter angeröstet werden sie zu neuem Leben erweckt.

❶ Für den original Caesar's Salad wird die Marinade mit Sardellenfilets zubereitet, was selbst für Fischverweigerer kaum herauszuschmecken ist. Die vegetarische Variante besticht durch die Kombination von würzigem Dressing mit fruchtiger Birne.

Besondere Inhaltsstoffe und ihre Wirkung

Birnen zählen neben Äpfeln zum ballaststoffreichsten Obst. Eine mittelgroße Birne mit Schale liefert etwa 6 g Ballaststoffe. Als optimale tägliche Menge werden 30 g Ballaststoffe pro Tag empfohlen, die nur selten erreicht werden.

Hauptspeisen

Rezepte im Herbst

⊙⊙⊙ Vitamine   ⊙⊙○ Mineralstoffe   ⊙⊙○ Ballaststoffe   ⊙○○ sekundäre Pflanzenstoffe   ⊙⊙○ wertvolle Fettsäuren

FRUCHTIGES BUTTERMILCH-CURRY
mit Vollkorn-Couscous

Zutaten

1 gelbe Zwiebel
1 kleiner Fenchel
200 g Spitzkohl
250 g Broccoli
2 Pastinaken
3 EL Sonnenblumenöl
1 EL gelbe Currypaste
1 Schuss Apfelessig
200 ml heißes Wasser
200 g Vollkorn-Couscous
400 ml Wasser oder Gemüsebrühe (*Suppenwürze* → Rezept Seite 198)
1 Prise gemahlener Kreuzkümmel
100 g in Wasser eingelegte getrocknete Marillen oder wenig gesüßte Kompottfrüchte, alternativ Marillenmarmelade
200 ml Buttermilch

Salz
frisch gemahlener Pfeffer

Zubereitung

Zwiebel schälen und klein schneiden. Fenchel, Kohl und Broccoli waschen und in mundgerechte Stücke schneiden. Pastinaken schälen. Alles würfelig schneiden und in etwas Sonnenblumenöl goldbraun anrösten. Currypaste dazugeben und 2 Minuten mitrösten. Mit einem Schuss Essig ablöschen. Mit heißem Wasser aufgießen, sodass das Gemüse gerade bedeckt ist und etwa 15 Minuten kochen lassen. Eventuell wenig Wasser nachgießen.

Für den Couscous das Wasser mit einer kräftigen Prise Salz oder die Gemüsebrühe zum Kochen bringen. Couscous in einem Topf mit der heißen Flüssigkeit übergießen und gut umrühren. Kurz aufkochen, vom Herd nehmen und 5–10 Minuten bei leicht geöffnetem Deckel ziehen lassen. Mit einer Gabel lockern.

Das Curry mit Salz, Pfeffer und Kreuzkümmel würzen. Das Obst in Stücke schneiden und mit einer Gabel etwas zerdrücken. Gemeinsam mit der Buttermilch dazugeben, umrühren und kurz ziehen lassen. Couscous auf vorgewärmte Schüsseln verteilen und mit dem Curry anrichten.

❶ Sobald die Buttermilch in das Curry eingerührt wurde, nicht mehr aufkochen, da sonst die Buttermilch ausflocken kann.

❶ Für dieses Rezept können verschiedene saisonale Gemüse verwendet werden, das macht es zu einem gesunden Allrounder für das ganze Jahr.

Besondere Inhaltsstoffe und ihre Wirkung

Der Name „Buttermilch" lässt anderes vermuten, sie ist aber ein besonders fettarmes Milchprodukt. Sie enthält außerdem Milchsäure, reichlich Eiweiß und Milchsäurebakterien, die sich positiv auf unsere Darmflora auswirken.

Hauptspeisen

Rezepte im Herbst

⊙⊙○ Vitamine　　⊙⊙⊙ Mineralstoffe　　⊙⊙⊙ Ballaststoffe　　⊙⊙○ sekundäre Pflanzenstoffe　　⊙⊙○ wertvolle Fettsäuren

BUNTE CHINAKOHL-WRAPS
mit scharfem Chili-Dip

Zutaten

Für den Chili-Dip

1 gelbe Zwiebel
1 Knoblauchzehe
1 EL Sonnenblumenöl
50 g Tomatenmark
1 kleine Chilischote
200 g Frischkäse

Für die Wraps

1 großer Chinakohl (etwa 700 g)
3 EL Apfelessig
1 TL Senf
2 Schalotten
150 g Fisolen
5 EL Sonnenblumenöl
200 g Kräuterseitlinge oder andere Pilze
1 orange Paprika
frischer Koriander

Salz
frisch gemahlener Pfeffer

Zubereitung

Für den Dip Zwiebel und Knoblauch schälen und klein schneiden. In etwas Öl anrösten. Tomatenmark dazugeben und kurz mitrösten. Vom Herd stellen und in ein schmales Gefäß füllen. Die Chili ohne Grün aber mit Kernen dazugeben und mit einem Stabmixer kurz aufmixen. Mit dem Frischkäse verrühren und in einer kleinen Schüssel anrichten.

Für die Wraps acht möglichst große Blätter Chinakohl lösen, waschen und vom dicken Strunk befreien. Einen kleinen Teil des Chinakohls in feine Streifen schneiden und mit Salz, Pfeffer, Apfelessig und etwas Senf marinieren. Schalotten schälen und in Streifen schneiden. Fisolen putzen und in etwa 3 cm lange Stücke schneiden. Schalotten in etwas Öl anrösten, die Fisolen dazugeben und bei mittlerer Hitze mitrösten. Kräuterseitlinge waschen und in Scheiben schneiden. Die Pilze kurz mitrösten, mit wenig Wasser aufgießen und dünsten, bis die Fisolen gar sind. Zur Seite stellen. Paprika waschen, entkernen und in Würfel schneiden. Koriander fein hacken und mit der Paprika und den marinierten Chinakohlstreifen in die ausgekühlte Pfanne rühren. Mit Salz und Pfeffer würzen. Die Chinakohlblätter in der Mitte mit der Fülle belegen, am unteren Ende einschlagen, zusammendrehen und mit einem Zahnstocher fixieren.

❶ Beim Fotoshooting haben wir übrig gebliebene Falafeln verwendet und in kleinen Stücken in die Fülle gebröselt, was eine köstliche Kombination ergab. Das Rezept für *Knusprige Falafeln* ist auf Seite 86.

Besondere Inhaltsstoffe und ihre Wirkung

Etwas Rohkost zwischendurch tut uns gut. Nicht, dass in gekochten Speisen alles zu Tode gegart wäre, aber es stehen in rohem Gemüse andere Inhaltsstoffe zur Verfügung als in gekochter Form. Unser Kauapparat arbeitet kräftig. Die Sättigung ist zudem sehr gut, da Rohkost ein großes Volumen einnimmt bei wenigen Kalorien. Der rohe Chinakohl eignet sich hier wunderbar als knackiger Ersatz für weiche Weizenfladen.

Hauptspeisen

Rezepte im Herbst

⊙⊙⊙ Vitamine   ⊙⊙⊙ Mineralstoffe   ⊙⊙○ Ballaststoffe   ⊙⊙○ sekundäre Pflanzenstoffe   ⊙⊙○ wertvolle Fettsäuren

GEBRATENER KARFIOL
mit Kichererbsen und Aioli

Zutaten

Für den Karfiol

200 g getrocknete Kichererbsen
1 kleiner Bund frische Petersilie
1 rote Zwiebel
1 Karfiol
1 Karfiol ‚Romanesco' (grüner Karfiol)
2 Karotten
2 gelbe Rüben
3 EL Maiskeimöl
1 EL gelbes Currypulver

Für die Aioli

1 TL scharfer Senf
1 EL Weißweinessig
4 Knoblauchzehen
100 ml Olivenöl (regionale Alternative: Distelöl)
1 Prise Zucker

Salz
frisch gemahlener Pfeffer

Zubereitung

Die Kichererbsen am besten am Vortag vorbereiten, dafür 10–12 Stunden in lauwarmem Wasser einweichen und anschließend in frischem, leicht gesalzenem Wasser 60 Minuten kochen.

Für die Aioli den Senf, Weißweinessig und geschälten Knoblauch in ein schmales Gefäß geben und mit langsam einfließendem Öl auf mixen, sodass eine cremige Konsistenz entsteht. Mit Salz, Pfeffer und einer Prise Zucker würzen. Kaltstellen.

Die Petersilie abzupfen und grob hacken. Die Zwiebel schälen und in grobe Ringe schneiden. Den Karfiol und den Romanesco in Röschen brechen. Die Karotten und gelben Rüben waschen und in etwa 0,5 cm dicke Streifen schneiden. Gemeinsam mit den weißen und grünen Karfiolröschen im Maiskeimöl in einer Pfanne goldbraun anbraten und zum Schluss die Kichererbsen und Zwiebelringe kurz mitrösten. Mit der frischen Petersilie anrichten, mit Salz, Pfeffer und etwas Currypulver würzen.

❶ Von Karfiol und genauso von Broccoli schmecken auch die Stängel hervorragend, also nicht wegwerfen, sondern gleich mitverarbeiten.

❶ Statt Aioli passt zu diesem gerösteten Gemüse auch der Zitronen-Dip (Seite 220) sehr gut.

Besondere Inhaltsstoffe und ihre Wirkung

Der Karfiol oder Blumenkohl genießt gerade sein kulinarisches Comeback. Gebraten ist er eine geschmacklich überzeugende Überraschung, die uns zusätzlich viel Folsäure und gesundheitsfördernde Senföle liefert.

Hauptspeisen

⊙⊙⊙ Vitamine   ⊙⊙○ Mineralstoffe   ⊙⊙⊙ Ballaststoffe   ⊙⊙○ sekundäre Pflanzenstoffe

GEFÜLLTE ROGGENBUCHTELN
mit Nussbutter und fermentiertem Gemüse

Zutaten

Für den fermentierten Kohlrabi und Rote Rübe mit Karotte

(ergibt 2 Gläser zu je 250 ml)

- 1 l Wasser
- 50 g Salz
- 2 Kohlrabis
- 1 Rote Rübe
- 2 Karotten
- 1 TL Salz
- Gewürze wie Senfkörner, Wacholderbeeren oder Lorbeerblätter

Für die Roggenbuchteln

- 1 Würfel frischer Germ (42 g)
- 3 EL warme Milch
- 1 TL Zucker
- 400 g Roggenmehl
- 130 ml lauwarmes Wasser oder Milch
- 1 zimmerwarmes Ei
- 60 g zimmerwarme Butter
- 2 EL geschmolzene Butter für die Form und zum Bestreichen

Für die Fülle

- 1 gelbe Zwiebel
- 1 Handvoll gemischte Kräuter z. B. Rosmarin, Thymian, Liebstöckel, Petersilie
- 250 g Topfen
- Salz
- frisch gemahlener Pfeffer

Für die braune Butter

- 250 g Butter

Zubereitung

Für das fermentierte Gemüse 1 Liter Wasser mit 50 g Salz aufkochen und abkühlen lassen. Die Kohlrabis waschen, nur dünn schälen, fein reiben und in einer Schüssel mit 1 Teelöffel Salz und Gewürzen vermengen. In ein Einmachglas füllen und fest nach unten drücken. Dann mit der ausgekühlten Salzlake bis etwa 3 cm unter den Rand bedecken. Bei Zimmertemperatur aufbewahren. Dabei mit einem Tuch und Gummiring verschließen und auf einen Untersatz stellen, da die Flüssigkeit etwas übergeht. Eventuell mit einem schweren Gegenstand beschweren, sodass das Gemüse unten bleibt, immer gut mit Flüssigkeit bedeckt ist und kein Sauerstoff dazukommt. Als Gegenstand kann beispielsweise ein sauberer Stein dienen.

Für die Variante mit Roter Rübe und Karotte ebenso verfahren, dabei die Rote Rübe so dünn wie möglich schälen und die Karotte nur gründlich waschen.

Nach etwa vier Tagen ist das fermentierte Gemüse bereits fertig. Im Kühlschrank lagern, so wird die Fermentation weitgehend gestoppt.

---

❶ Bügelgläser sind gut geeignet, da der entstehende Druck nach außen entweichen kann. Bei Verwendung von Schraubgläsern den Deckel allerdings nie vollständig zuschrauben, damit die Flüssigkeit gut ablaufen kann.

◉◉○ Vitamine ◉◉◉ Mineralstoffe ◉○○ Ballaststoffe ◉◉◉ sekundäre Pflanzenstoffe

Für die Buchteln wird zuerst ein sogenanntes „Dampfl" – ein Vorteig – zubereitet, damit die Buchteln schön flaumig werden. Dafür wird der Germ mit 3 Esslöffeln warmer Milch, 1 Teelöffel Zucker und 1 Esslöffel Mehl gut verrührt. Diese Mischung an einem warmen Ort etwa 20 Minuten gehen lassen. Anschließend mit dem restlichen Roggenmehl, dem Wasser/der Milch, dem Ei, der Butter und etwas Salz in einer Schüssel zu einem glatten Teig kneten. Die Schüssel mit einem sauberen Tuch abdecken und für 30 Minuten an einem warmen Ort gehen lassen.

In der Zwischenzeit für die Fülle die Zwiebel und die Kräuter fein hacken. Mit dem Topfen verrühren und mit Salz und Pfeffer kräftig abschmecken.

Das Backrohr auf 180 °C Ober-/Unterhitze vorheizen. Eine weite Backform mit zerlassener Butter ausstreichen. Aus dem Teig Stücke herausstechen, den Teig flachdrücken und in die Mitte einen großzügigen Löffel Kräutertopfen setzen. Die Seiten des Teiges über die Fülle schlagen, zusammendrücken und mit der verschlossenen Seite nach unten in die Backform setzen. Mit dem restlichen Teig fortfahren und die Backform dicht bestücken. Noch einmal für etwa 30 Minuten gehen lassen. Mit geschmolzener Butter bepinseln und für etwa 30 Minuten backen.

Für die braune Butter, auch Nussbutter genannt, die Butter in einem Topf bei mittlerer Hitze unter ständigem Rühren schmelzen lassen. Ist die Butter geschmolzen, fängt sie erst an zu schäumen und nach einigen weiteren Minuten beginnt eine leichte Bräunung und ein nussiger Duft entsteht, dann gleich von der Hitze nehmen. Anschließend durch ein mit Küchenpapier ausgelegtes Sieb filtern.

---

❶ Die perfekte braune Butter ist bernsteinfarben und riecht und schmeckt angenehm nussig.

Besondere Inhaltsstoffe und ihre Wirkung

Die Fermentation von Gemüse erhöht den Gehalt an Vitaminen und bewirkt ihre weitgehende Erhaltung. Die entstehende Säure löst die feste Zellstruktur und macht Mineralstoffe und Vitamine leichter verfügbar. Ein weiteres Plus für unsere Gesundheit sind die enthaltenen Milchsäurebakterien. Da das Gemüse nicht erhitzt wird, gehen auch keine Inhaltsstoffe verloren.

Farbenprächtiges Wurzelgemüse

Hauptspeisen

Gefüllte Roggenbuchteln mit Nussbutter und fermentiertem Gemüse

Feuriger
KÄFERBOHNEN-TOPF

Zutaten

- 400 g getrocknete Käferbohnen
- 2 rote Zwiebeln
- 3 Knoblauchzehen
- 5 EL Rapsöl
- je 2 grüne, gelbe und rote Paprika
- 3 EL Tomatenmark
- 1 Schuss Weißwein
- 1 Lorbeerblatt
- Bohnenkraut
- 1 Chili
- 4 EL Sauerrahm nach Belieben

- Salz
- frisch gemahlener Pfeffer

Zubereitung

Die Käferbohnen über Nacht in lauwarmem Wasser einweichen. Am nächsten Tag in frischem, leicht gesalzenem Wasser etwa 60 Minuten kochen. Die Zwiebeln und den Knoblauch schälen und grob würfelig schneiden. In etwas Öl anrösten. Die Paprikas grob würfelig schneiden und dazugeben. Das Tomatenmark kurz mitrösten und mit einem Schuss Weißwein ablöschen.

Die weich gekochten Käferbohnen und Kräuter dazugeben, mit Salz und Pfeffer würzen und etwa 10 Minuten dünsten lassen. Die Chili klein hacken und daruntermischen. In vorgewärmten Schüsseln oder tiefen Tellern anrichten. Ein Klecks Sauerrahm obendrauf kann die Schärfe angenehm abmildern und sorgt für eine cremige Konsistenz.

❶ Dazu passt wunderbar frisches Weißbrot.

Besondere Inhaltsstoffe und ihre Wirkung

Auch gekochte Produkte haben ihre Vorteile. Ein bekanntes Beispiel ist das Lycopin, der rote Farbstoff aus den Tomaten. Die Verfügbarkeit dieses Carotinoids ist in Tomatenmark oder Ketchup besonders hoch, da die Zellstrukturen durch die Verarbeitung und Hitze aufgebrochen wurden.

Hauptspeisen

Rezepte im Herbst

⊙⊙○ Vitamine   ⊙⊙⊙ Mineralstoffe   ⊙⊙⊙ Ballaststoffe   ⊙⊙○ sekundäre Pflanzenstoffe

SCHARFE ZUCCHININUDELN
mit Rucola-Haselnuss-Pesto

Zutaten

- 180 g Haselnüsse
- 2 große Handvoll Rucola
- 100 ml Olivenöl (regionale Alternative: Maiskeimöl)
- 1 Knoblauchzehe
- 1 Chili
- 1 kleine gelbe Paprika
- 1 kleine rote Paprika
- 1 Handvoll bunte Kirschtomaten (rot, gelb, grün)
- 2 gelbe Zucchini
- 2 grüne Zucchini
- 1 Zitrone
- optional: 2 EL Frischkäse
- Salz
- frisch gemahlener Pfeffer

Zubereitung

Für das Pesto die Haselnüsse hacken und ohne Fett in einer Pfanne anrösten, bis sie köstlich duften. Mit Rucola, Öl, geschälter Knoblauchzehe, Salz, frisch gemahlenem Pfeffer und der entkernten Chilischote mit dem Pürierstab oder im Blender mixen.

Für die Zucchininudeln Salzwasser aufstellen. In der Zwischenzeit rote und gelbe Paprika in Ringe und die Tomaten in Scheiben schneiden. Mit dem Sparschäler die Zucchinistreifen vorsichtig abziehen. Etwa 1/2 Minute im kochenden Salzwasser blanchieren, herausheben und in eine Schüssel geben.

Die Zucchininudeln mit dem Gemüse, einem Schuss Zitronensaft und dem Rucola-Haselnuss-Pesto vermengen. Schwarzen Pfeffer frisch darübermahlen und schmecken lassen. Wer mag, kann das Gericht noch mit etwas Frischkäse verfeinern.

❶ Zarte, kleinere Zucchini müssen für diese Nudelvariation nicht entkernt werden. Sind die Kerne größer, die Zucchini halbieren und mit einem Löffel herausschaben. Sie können in Saucen oder im Pesto verarbeitet werden.

❶ Grüne unreife Tomaten, die im Herbst noch an den Sträuchern hängen, können wunderbar verarbeitet werden, z. B. für dieses Gericht oder zu Marmelade oder Chutney. Sie enthalten Solanin, das in den vorkommenden Mengen für Erwachsene unbedenklich, für Kinder aber nicht empfehlenswert ist. Gezüchtete grüne Sorten wie ‚Grünes Zebra' enthalten weniger Solanin.

Besondere Inhaltsstoffe und ihre Wirkung

Haselnüsse sind wie alle Nüsse bekannt dafür, dass sie fettreich sind. Es sind einfach und mehrfach ungesättigte Fettsäuren, also die Fette, die wir in einer größeren Menge zu uns nehmen können und denen zahlreiche positive Wirkungen auf unser Herz-Kreislauf-System wissenschaftlich nachgewiesen werden konnten.

Hauptspeisen

Rezepte im Herbst

⊙⊙⊙ Vitamine   ⊙⊙○ Mineralstoffe   ⊙⊙○ Ballaststoffe   ⊙⊙○ sekundäre Pflanzenstoffe   ⊙⊙○ wertvolle Fettsäuren

BROCCOLI-SALAT IN BEERIGER BEGLEITUNG
mit Blattzichorie & Walnüssen

Zutaten

800 g Broccoli

250 g Blattzichorie, alternativ Chicorée

50 g Walnüsse

150 g Himbeeren

50 ml Himbeeressig, alternativ Apfelessig

5 EL Distelöl

200 g Brombeeren

Salz

frisch gemahlener Pfeffer

Zubereitung

Für den Salat den Broccoli waschen und in kleine Röschen zerteilen. In Salzwasser 2–3 Minuten blanchieren, mit kaltem Wasser abschrecken. Blattzichorie oder Chicorée waschen und in mundgerechte Stücke schneiden. Die Walnüsse grob hacken und in einer Pfanne anrösten.

Für die Marinade die Himbeeren waschen und mit etwas Essig, Distelöl, Salz und Pfeffer mixen. Die Brombeeren waschen.

Den Salat mit dem Broccoli, den gerösteten Walnüssen und den Brombeeren in Schüsseln anrichten und mit dem Himbeerdressing marinieren.

ⓣ Da Nüsse reichlich Fett enthalten, muss kein zusätzliches Fett beim Anrösten verwendet werden. Den richtigen Röstgrad haben Nüsse, sobald sie zu duften und leicht zu bräunen beginnen.

ⓣ Durch das kurze Kochen in Salzwasser und das anschließende Abkühlen wird der Broccoli nicht nur weich, er behält auch seine leuchtend grüne Farbe. Das Blanchieren ist auch vor dem Einfrieren von Gemüse wichtig, da sich dadurch die Zellen schließen und die Enzymaktivität reduziert wird. So kann einem Zellsaftverlust und farblichen sowie geschmacklichen Veränderungen vorgebeugt werden.

Besondere Inhaltsstoffe und ihre Wirkung

Broccoli liefert reichlich antioxidativ wirksame Substanzen wie Carotinoide oder Vitamin C, darum sollten die Röschen nicht zu lange gekocht werden. Kalzium und Zink machen Broccoli nicht nur für sportlich Aktive zu einer wertvollen Zutat. Mit seinem hohen Anteil an Ballaststoffen bei gleichzeitiger Anwesenheit von Eiweiß sättigt er gut bei geringem Kaloriengehalt.

Hauptspeisen

⊙⊙⊙ Vitamine ⊙⊙○ Mineralstoffe ⊙⊙○ Ballaststoffe ⊙⊙○ sekundäre Pflanzenstoffe ⊙⊙○ wertvolle Fettsäuren

NAANBROT
mit Grünkohl-Dip

Zubereitung

Für den Dip die Grünkohlblätter waschen, gut abtrocknen und fein schneiden. Die Walnüsse hacken und gemeinsam mit dem Kohl, dem Topfen, Senf und dem Leinöl vermengen. Mit der abgeriebenen Schale der Zitrone, gepresstem Knoblauch, Chili, Salz und Pfeffer abschmecken.

Für die Naanbrote alle Zutaten in einer Schüssel zu einem glatten Teig kneten. Den Teig in 8 Stücke teilen. Zu Kugeln formen und auf einer leicht bemehlten Fläche zu Teigfladen ausrollen. Eine beschichtete Pfanne ohne Fett erhitzen. Die Teigfladen darin auf jeder Seite dunkelbraun anrösten.

T Für den Dip eignen sich auch hervorragend frische Kohlrabiblätter.

I Leinöl hat von allen pflanzlichen Ölen das beste Fettsäuremuster für unsere Gesundheit. Sein Geschmack wird von säuerlich-herb bis leicht fischig beschrieben und ist daher etwas gewöhnungsbedürftig. Für würzige Aufstriche ist es besonders gut geeignet, da hier der typische Eigengeschmack kaum wahrgenommen wird.

Zutaten

Für den Dip

- 2 Grünkohlblätter
- 20 g Walnüsse
- 150 g Topfen
- 2 TL Dijon-Senf
- 5 EL Leinöl, alternativ kaltgepresstes Rapsöl oder Distelöl
- 1 Bio-Zitrone
- 1 Knoblauchzehe
- 1 kleine rote Chili
- Salz
- frisch gemahlener Pfeffer

Für die Naanbrote

- 250 g Weizenmehl
- 1 TL Backpulver
- 70 g Naturjoghurt
- 1 TL Salz
- 1 TL Zucker
- 100 ml Milch
- 1 EL Öl
- 1 Msp. gemahlener Kümmel

Die Kombination von Grünkohl, Senf und Knoblauch liefert ein Plus an Senfölglycosiden, die unsere Abwehrkräfte aktivieren.

Snacks

Rezepte im Herbst

⊙○○ Vitamine　　⊙○○ Mineralstoffe　　⊙○○ Ballaststoffe　　⊙⊙⊙ sekundäre Pflanzenstoffe　　⊙⊙○ wertvolle Fettsäuren

RUCOLA-MINI-STRUDEL

Zutaten

Für 3 kleine Strudel

Für den Vollkorn-Strudelteig

- 200 g glattes Vollkorn-Weizenmehl
- 1/8 l lauwarmes Wasser
- 2 EL Öl
- 1 Prise Salz

- Öl zum Bestreichen
- Mehl zum Bestäuben
- flüssige Butter zum Bestreichen

Für die Fülle

- 100 g Rucola
- 1 Stange Porree
- 3 EL Sonnenblumenöl
- 150 g Schaf- oder Ziegenkäse
- 100 g getrocknete Tomaten
- 1 Thymianzweig
- 1 Rosmarinzweig
- 1 Prise frisch geriebene Muskatnuss

- Salz
- frisch gemahlener Pfeffer

Zubereitung

Für den Strudelteig die Zutaten in eine Schüssel geben und langsam von innen nach außen mischen. Kräftig kneten, bis ein glatter Teig entsteht. In drei Teile teilen, mit Öl bestreichen und zugedeckt eine 1/2 Stunde rasten lassen.

In der Zwischenzeit den Rucola waschen, gut abtropfen lassen und grob hacken. Porree putzen, klein schneiden und in etwas Öl anrösten. Vom Herd nehmen. Den Käse in kleinen Stückchen dazubröseln, die getrockneten Tomaten fein schneiden und gemeinsam mit den fein gehackten Kräutern, dem Rucola und den Gewürzen einrühren.

Das Backrohr auf 180 °C Ober-/Unterhitze vorheizen. Ein großes Baumwolltuch (sauberes Geschirrtuch) bemehlen. Den Teig ebenfalls bemehlen und darauflegen. Mit dem Nudelholz gleichmäßig dünn ausrollen. Mit geschmolzener Butter bestreichen. Den Teig vorsichtig mit beiden Handrücken dünn nach außen ziehen. Der Teig ist perfekt, wenn er durchsichtig erscheint. Die Ränder abschneiden.

Den Teig in 3 gleich große Rechtecke schneiden. Die Fülle jeweils mittig auf die Gesamtlänge des Strudelteigs verteilen, die Ränder dabei aussparen. Dann zu schmalen Strudeln einrollen und mit der „Naht" nach unten auf ein Backpapier setzen. Mit flüssiger Butter bestreichen. Die Strudel mehrfach mit einer Gabel anstechen und im Rohr 10–15 Minuten backen, bis sie goldbraun sind. Die fertigen Strudel mit einem Wellenschliff-Messer vorsichtig in Stücke schneiden. Sauerrahm passt sehr gut mit den würzigen Strudel.

Besondere Inhaltsstoffe und ihre Wirkung

Vollkornmehl entsteht aus dem ganzen Korn samt Schale und ist dadurch nährstoff- und ballaststoffreicher als Weißmehl. Um mögliche Rückstände an der Schale zu vermeiden, ist bei Vollkornprodukten eine biologische Qualität besonders wichtig.

❶ Selbst gemachter Strudelteig lohnt die Mühe, aber natürlich gelingt dieses Rezept auch mit einem fertigen Vollkorn-Blätterteig als Hülle.

❶ Der Fantasie sind bei diesem Rezept keine Grenzen gesetzt. Es eignen sich viele Gemüsesorten als Fülle. Als Richtwert gilt: Festes Gemüse wie Rotkraut, Broccoli oder Karotten vorab kurz mit dem Porree rösten, um sie zu garen. Sehr wasserhaltiges Gemüse wie Tomaten würde die Fülle verflüssigen und den Teig aufweichen, daher habe ich hier die getrocknete Variante verwendet.

Snacks

⊙⊙⊙ Vitamine   ⊙⊙○ Mineralstoffe   ⊙⊙○ Ballaststoffe   ⊙⊙○ sekundäre Pflanzenstoffe   ⊙⊙○ wertvolle Fettsäuren

ROTKRAUT-ROHKOST-SALAT

Zutaten

ca. 800 g Rotkraut (1 kleiner oder 1/2 Kopf)

100 g getrocknete Marillen

2 Birnen oder 2 Äpfel

5 EL Apfelessig

3 EL Sonnenblumenöl

100 g Sonnenblumenkerne

Salz

frisch gemahlener Pfeffer

Zubereitung

Das Kraut vierteln und in feine Streifen schneiden. In einer Schüssel mit Salz und Pfeffer würzen und leicht drücken, sodass etwas Saft austritt. Die getrockneten Marillen ebenfalls in feine Streifen schneiden. Die Birnen oder Äpfel grob reiben. Beides unterrühren und mit einem Schuss Apfelessig und Öl marinieren. Die Sonnenblumenkerne geröstet oder roh dazugeben. 1/2 Stunde ziehen lassen und hin und wieder umrühren.

❶ Im Winter ergänze ich die Rohkost gerne mit frisch geriebenem Ingwer. Hier gibt es leider keine vergleichbare regionale Alternative. Chili kann aber sicher auch für die gewünschte Wärme im Bauch sorgen.

❶ Rotkraut ist bereits ab Juli erhältlich. Im Sommer kann das Rezept mit frischen reifen Marillen zubereitet werden.

Besondere Inhaltsstoffe und ihre Wirkung

Hier haben wir sie: Rohkost pur. Intensives Kauen ist nötig, um das feste Rotkraut schlucken zu können, und das hat viele Vorteile. Es kräftigt unsere Kiefermuskulatur und fördert die Durchblutung des Zahnfleisches. Außerdem wird vermehrt Speichel gebildet und die Zähne mechanisch gereinigt. Rohes Rotkraut hilft also, unseren gesamten Kauapparat gesund zu halten.

Snacks

Rezepte im Herbst

⊙⊙⊙ Vitamine   ⊙⊙⊙ Mineralstoffe   ⊙⊙⊙ Ballaststoffe   ⊙⊙○ sekundäre Pflanzenstoffe

DINKEL-GRIESS-SCHMARREN
mit Äpfeln und Zwetschken

Zutaten

- 600 ml Milch
- 1 Prise Salz
- 250 g Dinkelgrieß
- 100 g Butter
- 50 g Zucker
- 2 Äpfel
- 150 g Zwetschken
- Saft von 1 Zitrone
- 1 Prise Zimt
- etwas Staubzucker

Zubereitung

Das Backrohr auf 170 °C Ober-/Unterhitze vorheizen. Die Milch mit einer Prise Salz in einem Topf aufkochen und den Grieß einrühren. Butter und Zucker dazugeben und für etwa 3 Minuten zu einem festen Brei aufkochen. Eine Auflaufform mit Butter einfetten und den Grießbrei hineinfüllen. Etwa 20 Minuten im Ofen backen. Zwischendurch mit einer Gabel wenden.

In der Zwischenzeit die Äpfel und Zwetschken waschen, entkernen und in Spalten schneiden. In einem Topf weich dünsten, mit etwas Zitronensaft, Zimt und eventuell mit etwas Zucker abschmecken.

Den Grießschmarren mit etwas Staubzucker bestreuen und mit dem Apfel-Zwetschken-Mus anrichten.

❶ In der Zwetschkensaison gibt es am Markt richtig reife Früchte in großen Mengen günstig zu kaufen. Am besten also vom Apfel-Zwetschken-Kompott gleich mehr machen und einkochen. Dafür die kurz gedünsteten Früchte noch heiß in saubere Gläser füllen und kühl und dunkel lagern. Für sich ein schnelles Dessert oder perfekt zu Süßspeisen und Müslis!

Besondere Inhaltsstoffe und ihre Wirkung

Das Pektin in Zwetschken und Äpfeln zählt zu den löslichen Ballaststoffen. Ihnen wird eine besondere Wirkung zugeschrieben: Sie verzögern die Aufnahme von Kohlenhydraten ins Blut und halten so den Blutzuckerspiegel stabil. Das hält lange satt und schützt vor Heißhungerattacken.

Süßes

Rezepte im Herbst

⊙⊙○ Vitamine   ⊙⊙○ Mineralstoffe   ⊙⊙○ Ballaststoffe   ⊙⊙○ sekundäre Pflanzenstoffe

LEINSAMEN-PUDDING
mit Vanille und frischen Beeren

Zutaten

- 200 g Leinsamen
- 150 ml Milch oder Haferdrink (selbst gemacht → Rezept Seite 142)
- 250 g Himbeeren
- 1 EL Honig
- 1 Vanilleschote

Zubereitung

Die Leinsamen mit kalter Milch übergießen, dass sie gerade bedeckt sind. Umrühren und über Nacht im Kühlschrank quellen lassen. Die Himbeeren mit dem Pürierstab aufmixen und je nach Geschmack mit etwas Honig süßen. Die Vanilleschote aufschneiden, das enthaltene Vanillemark ausschaben und in den Leinsamenpudding einrühren. Die gequollenen Leinsamen auf vier Gläser verteilen. Das Himbeermus vorsichtig daraufsetzen, sodass ein schöner Schichteffekt entsteht.

---

❶ Der Pudding kann auch mit geschroteten Leinsamen zubereitet werden, dann können die Inhaltsstoffe noch besser aufgenommen werden. Als ganze Samen wirken Leinsamen stark verdauungsanregend und sind kalorienärmer, dafür können die enthaltenen Mineralstoffe und Fettsäuren nicht aus dem Sameninneren aufgeschlossen werden. Je nach gewünschtem Effekt kann man sich also für eine Zubereitungsart entscheiden.

❶ Die aromatische Minze passt hervorragend zu allen Desserts mit Beeren und/oder Schokolade und ist eine schöne zusätzliche Dekoration.

Besondere Inhaltsstoffe und ihre Wirkung

Leinsamen sind eine sehr gute pflanzliche Quelle für Omega-3-Fettsäuren. Die Schleimstoffe, die beim Einweichen von Leinsamen aufquellen, fördern die Verdauung.

Süßes

Rezepte im Herbst

⊙⊙○ Vitamine   ⊙⊙○ Mineralstoffe   ⊙⊙⊙ Ballaststoffe   ⊙⊙⊙ sekundäre Pflanzenstoffe   ⊙⊙○ wertvolle Fettsäuren

KNUSPRIGE POWERKEKSE

Zutaten

Für 20 Powerkekse

- 20 g Sonnenblumenkerne
- 20 g geschrotete Hanfsamen
- 20 g gemahlener und ganzer Leinsamen, gemischt
- 20 g gemahlener Mohn
- 20 g grob gehackte Haselnüsse oder Walnüsse
- 50 g feine Haferflocken
- 1 Ei
- 4 EL Honig
- 1 Prise Salz
- 1 EL Sonnenblumenöl

Zubereitung

Für die Powerkekse das Backrohr auf 180 °C Ober-/Unterhitze aufheizen. Die Sonnenblumenkerne grob hacken und mit den Hanf- und Leinsamen, Mohn, Nüssen und Haferflocken mischen. Das Ei mit dem Honig, 1 Prise Salz und 1 Esslöffel Öl verquirlen und über die Samen, Flocken und Nüsse gießen. Gut verrühren, bis eine formbare Masse entsteht. Ist die Masse zu trocken, ganz wenig Wasser hinzufügen. Ist sie zu feucht, noch etwas Haferflocken zugeben.

Ein Backpapier auf einem Backblech auslegen. Jeweils 1 Esslöffel Masse in den leicht angefeuchteten Händen zu einer Kugel formen und diese mit einem großen Messer direkt auf dem Backpapier flach drücken.

Die Kekse etwa 12 Minuten im Backrohr backen.

---

❶ Die Kekse sind, gut verschlossen und kühl gelagert, etwa zwei Wochen haltbar, lassen sich aber auch gut einfrieren.

❶ Bei diesen selbst gemachten Keksen oder auch Müsliriegeln gibt es klare Vorteile: Wissen, was drin ist. Den persönlichen Geschmack genau treffen. Und einen entsprechend niedrigen Preis dafür zahlen, da die Grundzutaten günstig sind.

Besondere Inhaltsstoffe und ihre Wirkung

Die hier verwendeten Zutaten sind durchwegs großartige Quellen für Mineralstoffe, Vitamine und sekundäre Pflanzenstoffe. Sie helfen, den Blutzuckerspiegel über einen längeren Zeitraum konstant zu halten, sodass genügend Energie zur Verfügung steht. Das macht die Powerkekse und Müsliriegel zum tollen Proviant bei langen Wander- und Radausflügen oder bei intensiveren Sporteinheiten.

⊙⊙○ Vitamine   ⊙⊙○ Mineralstoffe   ⊙⊙○ Ballaststoffe   ⊙⊙○ sekundäre Pflanzenstoffe   ⊙⊙○ wertvolle Fettsäuren

SELBST GEMACHTE MÜSLIRIEGEL
Variante *mit* Backen

— Zubereitung

Für die Müsliriegel die Trockenfrüchte grob hacken. Butter, Honig und Zitronensaft in einem Topf erwärmen und gut verrühren. Flocken, Nüsse, Trockenfrüchte, Samen und Gewürze gründlich untermengen. Die Masse auf ein mit Backpapier ausgelegtes Backblech (circa 20 × 20 Zentimeter) streichen, ein Backpapier darüberlegen und mit einem Löffel gleichmäßig richtig gut festdrücken. Dieser Schritt ist besonders wichtig, damit die fertigen Riegel auch schön kompakt sind. Im vorgeheizten Backrohr bei 150 °C Ober-/Unterhitze etwa 20 Minuten backen, bis die Masse gut zusammenhält. Ganz auskühlen lassen und dann mit einem guten Messer in Riegel schneiden.

❶ In einer luftdichten Dose kühl aufbewahren. Die Müsliriegel sind so etwa zwei Wochen haltbar. Sie können auch bis zu einem Jahr eingefroren werden.

❶ Bei sportlichen Ansprüchen oder erhöhtem Eiweißbedarf können die gebackenen Müsliriegel auch mit ein paar Esslöffeln Topfen oder zwei verquirlten Eiern ergänzt werden.

Zutaten

Für 10–12 Müsliriegel

1 kleines Blech (20 × 20 cm)

100 g Trockenfrüchte wie Marillen oder Zwetschken, Rosinen oder Berberitzen

50 g Butter

100 g flüssiger Honig

1 Schuss Zitronensaft

150 g Haferflocken oder andere Getreideflocken

4 EL grob gehackte Nüsse

30 g gemischte Samen wie Leinsamen, Kürbiskerne, Sonnenblumenkerne, Mohn, Hanfsamen

1 Prise Salz

1 Prise Zimt

Variante *ohne* Backen siehe nächste Seite

SELBST GEMACHTE MÜSLIRIEGEL
Variante *ohne* Backen

Zubereitung

Die Trockenfrüchte grob hacken. Die Flocken, Samen und Nüsse anrösten. Das Rösten ist nicht unbedingt notwendig, sorgt aber für ein super Aroma. Dann die Butter mit Honig und Zitronensaft schmelzen lassen und mit der Masse verrühren. Eine kleine Prise Salz und Zimt nach Geschmack hinzufügen. Eine circa 20 × 20 cm große Backform ausfetten oder mit Backpapier auslegen und die Trockenfrüchte gleichmäßig darüber verteilen. Die Masse dann mit einem Backpapier abdecken und richtig gut festpressen. Je besser gedrückt wird, umso besser halten die Riegel. Dann abdecken und für etwa 2 Stunden in den Kühlschrank stellen. Anschließend in 10–12 Riegel schneiden. Sie sind richtig fest, solange sie kalt sind und werden etwas weicher bei Zimmertemperatur.

❶ Die Riegel sind ohne Kühlung für eine Woche haltbar.

❶ Die Butter kann mit pflanzlichem Öl ersetzt werden, sie gibt den Riegeln aber zusätzlichen Halt, weil sie beim Abkühlen etwas aushärtet.

❶ Für eine echte Rohkostversion, bei der Lebensmittel nicht über 42 °C erhitzt werden, den Röstvorgang einfach weglassen. Dann bleiben alle Vitamine und Nährstoffe in ihrer ursprünglichen Form erhalten.

Süßes

Knusprige Powerkekse & Selbst gemachte Müsliriegel

REZEPTE

im Winter

PORRIDGE SÜSS & HERZHAFT
mit heißem Apfel-Ingwer-Drink

Zutaten

Für den süßen Porridge
- 400 ml Milch oder Haferdrink (selbst gemacht → Rezept Seite 142)
- 1 Prise gemahlener Zimt
- 1 Prise gemahlene Nelken
- 100 g Gersten- oder Haferflocken
- 10 g Leinsamen
- 3 EL Traubenkompott, alternativ ein anderes Kompott oder Marmelade
- 4 EL Leinöl
- 3 EL Honig oder Zucker

Für das Traubenkompott (ergibt 4 Schraubgläser zu je 250 ml)
- 1 kg weiße oder rote Trauben
- 200 ml Wasser
- 100 g Zucker
- 1 TL gemahlener Zimt
- 3 Gewürznelken
- Saft von 1 Zitrone

Für den pikanten Porridge
- 1 Pastinake
- 1/2 Stange Porree
- 3 EL Maiskeimöl
- 100 g Gersten- oder Haferflocken
- 10 g Leinsamen
- 1 Msp. Kurkuma
- 400 ml Milch oder Wasser
- 50 g junger Blattspinat
- 1 EL Leinöl
- Salz
- Pfeffer

Für den heißen Apfel-Ingwer-Drink
- 600 ml naturtrüber Apfelsaft
- 400 ml Wasser
- 1 Stück Ingwer (etwa daumenlang)
- Zimtrinde
- ganze Nelken

Zubereitung

Für den süßen Porridge die Milch mit Zimt und Nelke zum Kochen bringen, die Gerstenflocken und Leinsamen einrühren und unter stetigem Umrühren köcheln lassen, bis eine cremige Konsistenz entsteht. In Schüsseln mit Traubenkompott, je 1 EL Leinöl und etwas Honig anrichten.

Für den pikanten Porridge die Pastinake schälen und fein reiben. Den Porree putzen und in Ringe schneiden. Beides in etwas Öl anrösten. Die Gerstenflocken, Leinsamen und Kurkuma dazugeben und mit Milch oder Wasser aufgießen. Mit Salz und Pfeffer würzen. Bis zur cremigen Konsistenz köcheln lassen, dabei regelmäßig umrühren. Den Blattspinat waschen und erst kurz vor dem Anrichten in den heißen Porridge rühren. In vier Schüsseln anrichten und mit je 1 EL Leinöl servieren.

Für den Apfel-Ingwer-Drink den Apfelsaft mit dem Wasser, dem geschälten und geriebenen Ingwer und den Gewürzen aufkochen lassen und 5 Minuten ziehen lassen. Die Gewürze abschöpfen und genießen.

Für das Traubenkompott die Trauben waschen und von den Stielen lösen. Je nach Geschmack und Größe halbieren oder im Ganzen lassen. Gemeinsam mit dem Wasser, Zucker und Gewürzen aufkochen. Zitronensaft hinzufügen und noch heiß in saubere Gläser füllen und gut verschließen. Kühl und dunkel aufbewahren.

---

❶ Die Trauben platzen leicht auf, um dies zu verhindern, das Kompott nur leicht wallend und nicht länger als 3 Minuten kochen.

Besondere Inhaltsstoffe und ihre Wirkung

Hafer und Gerste enthalten zahlreiche Schleimstoffe, die besonders beim Erhitzen ihre Fähigkeit zur Gelierung unter Beweis stellen. Sie schützen die Darmwand vor Reizungen und Infektionen.

Frühstück

Rezepte im Winter

⊙⊙○ Vitamine   ⊙⊙⊙ Mineralstoffe   ⊙⊙⊙ Ballaststoffe   ⊙⊙○ sekundäre Pflanzenstoffe   ⊙○○ wertvolle Fettsäuren

MARONI-SUPPE
mit Nusstopping

Zutaten

300 g Esskastanien (Maroni)
1 gelbe Zwiebel
1/2 Knollensellerie
3 EL Öl
2 Thymianzweige
1 l Wasser
2 EL dunkler Balsamico-Essig (regionale Alternative: Apfel-Balsam-Essig)

Salz
frisch gemahlener Pfeffer

Für das Nusstopping

100 ml Schlagobers
20 g geriebene Haselnüsse

Zubereitung

Die Schale der Maroni mit einem scharfen Messer der Länge nach einritzen und in wenig heißem Wasser etwa 15 Minuten kochen. Anschließend kurz auskühlen lassen und schälen.

Zwiebel schälen und fein würfeln. Knollensellerie schälen und fein würfeln. Öl in einem Topf erhitzen und beides anschwitzen. Die geschälten Maroni und einen Thymianzweig kurz mitrösten, mit Wasser aufgießen und etwa 10 Minuten köcheln lassen.

Die Suppe mit Salz, Pfeffer und Balsamico-Essig abschmecken. Für das Nusstopping das Obers steif schlagen und die gemahlenen Haselnüssen unterheben. Je einen Esslöffel als Häubchen auf jede Suppe setzen und mit frischen Thymianblättchen garnieren.

🛈 Besonders aromatisch schmeckt das Topping, wenn die Nüsse vorher kurz in der Pfanne angeröstet werden. Dabei vor dem Vermengen mit Obers unbedingt auskühlen lassen.

🛈 Suppe zum Frühstück? Das scheint für Europäer recht ungewohnt, in anderen Ländern der Welt ist es geliebte Tradition. Dabei fallen die Suppen recht nahrhaft aus und unterscheiden sich kaum von Hauptspeisenvarianten. Meine erste Frühstückssuppe war rote Linsensuppe, die in einigen asiatischen oder arabischen Restaurants angeboten wird. Es hat sofort gefunkt und seither sind Suppen für mich fixe kulinarische Begleiter in den frühen Morgenstunden geworden. Besonders im Winter bringen sie eine wohlige Wärme in graue Tage und ermöglichen den perfekten Start in den Tag. An sehr heißen Sommertagen sorgt eine kalte Suppe wie die *Gersten-Gazpacho* (Seite 98) für eine willkommene Abkühlung schon am Morgen.

Besondere Inhaltsstoffe und ihre Wirkung

Die zu den Nüssen zählende Maroni oder Edelkastanie ist ein wahres Kraftpaket. Das führte dazu, dass sie früher als Kraftfutter für Tiere eingesetzt wurde. Maroni enthalten leicht verdauliches Eiweiß und eine breite Palette an verschiedenen Mineralstoffen. Die Edelkastanie wird wie die Rosskastanie in der Pflanzenheilkunde als Venenmittel eingesetzt, das Flavonoid Rutin stärkt die Gefäßwände und beugt Entzündungen vor.

Frühstück

Rezepte im Winter

⊙○○ Vitamine ⊙⊙⊙ Mineralstoffe ⊙⊙⊙ Ballaststoffe ⊙○○ wertvolle Fettsäuren

FRÜHSTÜCKS-GALETTES
mit Radicchio

Zutaten

Für 4 Galettes

250 g Buchweizenmehl

350 ml Wasser

2 Eier

3 TL Salz

Für den Belag

150 g Ziegenkäse

1 mittelgroße Radicchio

1 rote Zwiebel

50 ml Rapsöl

Zubereitung

Für die Galettes das Mehl, das Wasser, die Eier und eine Prise Salz zu einem geschmeidigen Teig kneten. Eine 1/2 Stunde rasten lassen.

Das Backrohr auf 80 °C Umluft aufheizen. Den Käse hobeln. Radicchio waschen und Zwiebel schälen. Beides in Streifen schneiden. Zwiebel in einer großen Pfanne in etwas Rapsöl anrösten. Radicchiostreifen kurz mitrösten, alles aus der Pfanne nehmen und beiseite stellen. In derselben Pfanne weiteres Pflanzenöl auf mittlerer Stufe erhitzen. Einen Schöpfer Teig hineingeben und mit einer Teigkarte dünn verstreichen. Den Käse auf der Galette verteilen und etwas schmelzen lassen. Die Zwiebel-Radicchio-Mischung daraufsetzen. Die vier Seiten der Galette zusammenschlagen. Im vorgeheizten Backrohr kurz warmhalten, bis alle fertig sind und servieren.

❶ Die Galettes lassen sich auch wunderbar aus Roggen-Vollkornmehl zaubern.

❶ Galettes sind Buchweizenpfannkuchen, die ursprünglich aus der Bretagne stammen. Sie sind die pikante Variante der bekannten französischen Crêpes. Bei der Füllung kann experimentiert werden, Spinat, Pilze oder auch ein Ei, das vorsichtig in der Mitte aufgeschlagen wird, schmecken toll.

Besondere Inhaltsstoffe und ihre Wirkung

Buchweizen eignet sich wunderbar als Weizenersatz für viele Gerichte. Er ist glutenfrei und sorgt mit seinem tollen Nährstoffprofil und seinem intensiven Geschmack für eine gesunde Abwechslung im Speiseplan. Radicchio gibt dem Gericht eine ganz besondere Note und unterstützt mit seinem Gehalt an Bitterstoffen unsere Verdauung und das Immunsystem.

Frühstück

Rezepte im Winter

⊙○○ Vitamine　⊙⊙⊙ Mineralstoffe　⊙⊙⊙ Ballaststoffe　⊙○○ wertvolle Fettsäuren

EIER IM GLAS
auf rotem Vogerlsalat

Zutaten

100 g roter Vogerlsalat, alternativ grüner Vogerlsalat

20 g Walnüsse

3 EL milder Kräuteressig

3 EL Leinöl, alternativ Sonnenblumenöl oder Nussöl

4 Eier

Salz

grober bunter Pfeffer

Zubereitung

Den Vogerlsalat eventuell von kleinen Wurzeln befreien, waschen und gut abtropfen lassen. Die Walnüsse hacken. Den Salat mit dem Essig und Öl, Salz und Pfeffer marinieren. Die Walnüsse darunterrühren und in vier Gläsern anrichten.

Die Eier weich kochen, kurz abschrecken und vorsichtig schälen. Auf dem Salat anrichten, salzen und pfeffern und sofort servieren.

❶ Das klassische „Ei im Glas" ist wachsweich. Dafür am besten frische Eier verwenden. Je nach Geschmack können die Eier aber natürlich auch hartgekocht werden.

❶ Tipps zum Eierkochen gibt es auf Seite 58. Denn Eier genau auf den gewünschten Punkt zu garen, ist meiner Meinung nach eine eigene Wissenschaft.

❶ Vogerlsalat verträgt frostige Temperaturen und ist von Oktober bis Ende April aus heimischer Produktion erhältlich.

Besondere Inhaltsstoffe und ihre Wirkung

Vogerlsalat oder Feldsalat zählt zu den nährstoffreichsten Salaten. Im Gegensatz dazu bestehen Eisbergsalat oder Häuptelsalat in erster Linie aus Wasser.

Rezepte im Winter

Frühstück

⊙⊙○ Vitamine   ⊙⊙○ Mineralstoffe   ⊙⊙○ sekundäre Pflanzenstoffe   ⊙○○ wertvolle Fettsäuren

Volle Kraft voraus! WINTERLICHE MINESTRONE FÜR VERSCHNUPFTE TAGE

Zutaten

- 1/2 Stange Porree
- 3 Knoblauchzehen
- 1 Pastinake
- 1/4 Knollensellerie
- 2 Karotten
- 150 g Kohl, z.B. Wirsingkohl
- 5 EL Maiskeimöl
- 2 EL Tomatenmark
- 700 ml heißes Wasser
- 1 Msp. Cayennepfeffer
- 1 gestrichener TL ganzer Kümmel
- 1 kleiner Bund Petersilie
- 2 EL Leinöl
- Salz
- frisch gemahlener Pfeffer, alternativ selbst gemachte *Suppenwürze* (Rezept → Seite 198)

Zubereitung

Den Porree putzen, die Knoblauchzehen schälen und beides fein schneiden. Pastinake und Knollensellerie schälen, die Karotten waschen und zusammen in Würfel schneiden. Die äußeren Kohlblätter entfernen, den Rest in grobe Streifen schneiden. Den Porree und den Knoblauch in etwas Pflanzenöl anrösten. Das Wurzelgemüse dazugeben und mitrösten, bis es goldbraun ist. Das Tomatenmark hineinrühren, kurz rösten und mit etwa 700 ml heißem Wasser aufgießen. Mit Salz, Pfeffer oder selbst gemachter Suppenwürze, Cayennepfeffer und Kümmel würzen und 10 Minuten köcheln lassen. Den Kohl in die Suppe geben, etwa 2 Minuten mitkochen und die Suppe mit reichlich gehackter Petersilie und Leinöl in Schüsseln anrichten.

❶ Getoastete und mit einer Knoblauchzehe eingeriebene Brotscheiben passen als Beilage sehr gut dazu.

❶ Auch gekochte Nudeln, die vom Vortag übriggeblieben sind, können hier als zusätzliche Einlage verwendet werden.

Besondere Inhaltsstoffe und ihre Wirkung

In dieser Suppe treffen sich alle Inhaltsstoffe, die bei einer Erkältung unterstützend in den Stoffwechsel eingreifen können. Ätherische Öle in Porree, Knoblauch und Kohl wirken gegen Bakterien, Viren und Pilze. Die frische Petersilie liefert uns wichtiges Vitamin C, das im direkten Zusammenhang mit unserem Immunsystem steht. Diese Suppe ist also die vegetarische Alternative zur klassischen Hühnersuppe!

Hauptspeisen

Rezepte im Winter

⊙⊙○ Vitamine   ⊙⊙⊙ Mineralstoffe   ⊙⊙⊙ Ballaststoffe   ⊙⊙○ sekundäre Pflanzenstoffe   ⊙○○ wertvolle Fettsäuren

SUPPENWÜRZE
selbst gemacht

— Zubereitung

Die Karotte und gelbe Rübe waschen und nur schälen, wenn braune Stellen sichtbar sind. Die Petersilienwurzel und Sellerieknolle schälen. Alles fein reiben oder mit einer Küchenmaschine oder dem Fleischwolf fein reißen. Den Porree, die Knoblauchzehe und die Petersilie fein hacken. Etwa ein Sechstel der Gemüsemenge entspricht nun dem notwendigen Salzgehalt. Eventuell das fertige Gemüse noch einmal abwiegen. Mit dem Salz abrühren und in heiß ausgespülte Gläser bis zum Rand einfüllen. Dabei mit einem Löffel etwas andrücken, damit möglichst wenig Luft in den Zwischenräumen im Glas zurückbleibt.

❶ Die Suppenwürze hält durch die enthaltene Salzmenge mindestens 12 Monate. Das Aroma des Wurzelgemüses wird erst nach einigen Wochen richtig intensiv! Die Farbe kann sich bei längerer Lagerung leicht verändern, was aber nichts an Geschmack und Qualität ändert. Nach dem Öffnen im Kühlschrank aufbewahren.

❶ Die Suppenwürze kann für Suppen und alle möglichen Saucen verwendet werden. Die Würze kann durch weitere Zutaten wie Fenchel, Rettich, Stangensellerie, Kresse oder Liebstöckel variiert werden.

❶ Beim Salzen der Suppen unbedingt den Salzgehalt der Suppenwürze berücksichtigen! Die hier angegebene Salzmenge kann auch reduziert werden, dabei verkürzt sich allerdings die Haltbarkeit.

Zutaten

Für 6 kleine Gläser (je 110 ml)

250 g Karotte
150 g gelbe Rübe
150 g Petersilienwurzel
1/2 Knollensellerie
1 Stange Porree
1 Knoblauchzehe
1 Bund Petersilie
1 Handvoll Liebstöckel
etwa 150 g Salz

Besondere Inhaltsstoffe und ihre Wirkung

In industriell hergestellten Würzmitteln stecken oft Glutamat oder Hefeextrakt, die beide nichts anderes als Geschmacksverstärker sind. Die selbst gemachte Suppenwürze ist natürlicher Geschmack pur.

Rezepte im Winter

Hauptspeisen

One Pot Pasta „RICOTTA-WALNUSS-ASIA-SALAT"

Zutaten

- 100 g Asia-Salate
- 1 gelbe Zwiebel
- 2 Knoblauchzehen
- 5 EL Olivenöl, (regionale Alternative: Maiskeimöl)
- etwa 1,2 l heißes Wasser insgesamt
- 600 g Pasta
- 150 g Ricotta
- 50 g geriebene oder fein gehackte Walnüsse
- 2 EL Milch oder Schlagobers
- Salz
- frisch gemahlener Pfeffer

Zubereitung

Die Asia-Salate waschen, in feine Streifen schneiden und beiseite stellen. Zwiebel und Knoblauch schälen und würfelig schneiden. Beides in etwas Olivenöl anrösten. Mit etwa 200 ml heißem Wasser aufgießen, salzen und pfeffern und die Pasta dazugeben. Unter regelmäßigem Rühren garen und – wie bei der Zubereitung eines Risottos – immer wieder heißes Wasser nachgießen, bis die Nudeln al dente sind. Zum Schluss soll kein Wasser mehr in der Pfanne sein. Den Ricotta, die geriebenen oder gehackten Walnüsse und den Asia-Salat unterrühren und 2 Minuten mitgaren. Einen Schuss Milch oder Obers dazugeben, um eine cremige Sauce zu erhalten. Abschmecken, fertig.

T Je kürzer die Nudeln, umso leichter funktioniert das One-Pot-Prinzip. Tatsächlich klappt es aber auch mit Spaghetti, wenn zwischendurch immer wieder gut gerührt wird. Wie am Foto sichtbar, kann man es auch wunderbar mit grünen Tagliatelle zubereiten.

I Die amerikanische Fernsehköchin Martha Stewart gilt als Erfinderin der One-Pot-Pasta. Hier scheiden sich die Geister. Auch ich konnte mir nicht vorstellen, dass das Ganze gut schmeckt. Grund war, dass in vielen Rezepten auf das Anrösten von Zwiebel und Wurzelgemüse verzichtet wird. Da das für mich ganz wichtige Geschmackskomponenten sind, habe ich diesen Schritt in meinem Rezept bewusst eingebaut. Und, ich muss zugeben, es ist unglaublich aromatisch, wenn die Nudeln direkt im Gemüsesaft gegart werden.

Besondere Inhaltsstoffe und ihre Wirkung

Keine Angst vor Kohlenhydraten! Pasta ist ein wunderbares Gericht im Alltag, da sie schnell und abwechslungsreich zubereitet werden kann. Hier haben wir die Nudeln mit den wertvollen Senfölen der Asia-Salate, Omega-3-Fettsäuren aus Nüssen und dem leicht verdaulichen Eiweiß aus Ricotta zu einem gehaltvollen gesunden Gericht kombiniert.

Hauptspeisen

Rezepte im Winter

⊙○○ Vitamine   ⊙⊙○ Mineralstoffe   ⊙⊙⊙ sekundäre Pflanzenstoffe   ⊙○○ wertvolle Fettsäuren

GEMÜSE-VOLLKORN-CRUMBLE
mit Bohnen und Schafkäse

Zutaten

- 200 g getrocknete rote Bohnen
- 1 gelbe Zwiebel
- 150 g orange Karotten
- 150 g violette Karotten
- 150 g gelbe Karotten
- 100 g Weißkraut
- 5 EL Sonnenblumenöl
- 1 Schuss Weißwein
- 1 Handvoll Bohnenkraut
- 300 g Schafkäse
- 5 EL Sonnenblumenöl

Für die Streusel

- 100 g Butter
- 150 g Dinkel-Vollkornmehl
- 1 EL Paprikapulver

Salz
frisch gemahlener Pfeffer

Zubereitung

Die roten Bohnen über Nacht in kaltem Wasser einweichen. Anschließend 40 Minuten lang in leicht gesalzenem Wasser kochen, abgießen und kalt abspülen. Nähere Infos zu *Hülsenfrüchte kochen* auf Seite 82.

Das Backrohr auf 180 °C Ober-/Unterhitze vorheizen. Zwiebel schälen, das Wurzelgemüse waschen und das Weißkraut von den äußeren Blättern befreien. Alles grob würfelig schneiden und mit etwas Öl in einer Pfanne anbraten. Mit einem Schuss Weißwein aufgießen. Die Bohnen und das Bohnenkraut grob hacken und gemeinsam mit zerbröselten Schafkäse unterrühren. Mit Salz und Pfeffer abschmecken. Dabei beachten, dass der Schafkäse schon recht salzig ist.

Eine flache Backform mit Öl ausfetten und die Gemüsemischung mit dem Saft gleichmäßig darin verteilen. Die Butter mit dem Mehl und dem Paprikapulver vermengen und zu Streuseln verkneten. Über dem Gemüse verteilen und für etwa 30 Minuten backen.

---

❶ Ist der Schafkäse sehr trocken, sorgen drei Esslöffel Sauerrahm für eine extra saftige Konsistenz. Für dieses Rezept können aber auch cremige Käsearten wie Frischkäse verwendet werden.

Besondere Inhaltsstoffe und ihre Wirkung

Ballaststoffe tragen einen undankbaren Namen. Ballast erinnert uns im Sprachgebrauch an etwas Unangenehmes, ja fast Unnötiges, das man loswerden will. Tatsächlich wird man sie loswerden, die Ballaststoffe, aber sie sind alles andere als umsonst. Sie werden unverdaut oder nur leicht zersetzt wieder aus dem Darm ausgeschieden, erhöhen auf ihrem Weg das Darmvolumen und dessen Bewegung.

Hauptspeisen

Rezepte im Winter

⊙⊙○ Vitamine   ⊙⊙○ Mineralstoffe   ⊙⊙○ Ballaststoffe   ⊙⊙○ sekundäre Pflanzenstoffe

LINSEN-ERDÄPFEL-SPIESS
auf gebratenem Sauerkraut

Zutaten

- 300 g braune Tellerlinsen
- 2 mittelgroße Erdäpfel
- 1 kleine gelbe Zwiebel
- 1 Knoblauchzehe
- 3 EL Sonnenblumenöl
- 5 EL Semmelbrösel oder feine Haferflocken
- 1 Prise frisch geriebene Muskatnuss
- 1 rote Zwiebel
- 2 mittelgroße Mangoldblätter
- 100 g Weißkraut
- 5 EL Sonnenblumenöl
- 1 TL Paprikapulver
- 800 g Sauerkraut (selbst gemacht → Rezept Seite 74)
- Holzspieße
- Salz
- frisch gemahlener Pfeffer

Zubereitung

Die Linsen etwa 50 Minuten in leicht gesalzenem Wasser weich kochen. Erdäpfel mit der Schale in Salzwasser weich garen. Herausnehmen, in der Mitte durchschneiden und ausdampfen lassen. Die Linsen nach der Garzeit abgießen und kalt abschrecken, gut abtropfen lassen. Zwiebel und Knoblauch schälen, fein schneiden und in etwas Pflanzenöl anrösten.

Das Backrohr auf 200 °C Ober-/Unterhitze aufheizen. Die Erdäpfel mit einem Löffel aushöhlen und gemeinsam mit den Linsen, den Zwiebeln und dem Knoblauch in einem Blender mixen oder mit dem Pürierstab zerkleinern, bis eine schön homogene Masse entsteht. Diese mit den Semmelbröseln oder Haferflocken verrühren und mit geriebener Muskatnuss, Salz und Pfeffer würzen. Aus der Masse gleich große Bällchen formen und auf einem mit Backpapier belegten Blech etwa 20 Minuten backen. Zwischendurch einmal wenden.

In der Zwischenzeit die rote Zwiebel schälen und vierteln. Den Mangold und das Weißkraut waschen und in grobe Vierecke (in etwas Größe der Linsenbällchen) schneiden. Das Kraut in etwas Öl goldbraun anbraten, den Mangold und die rote Zwiebel kurz mitbraten und mit Salz, Pfeffer und Paprikapulver würzen. Abwechselnd mit den Linsenbällchen vorsichtig auf Spieße stecken. In das noch warme Backrohr zum Warmhalten stellen.

Das Sauerkraut in einer Pfanne bei hoher Temperatur ohne Fett goldbraun rösten. Mit den Linsen-Erdäpfel-Spießen anrichten.

❶ Ein Einweichen der braunen Linsen über Nacht verkürzt die Kochzeit auf etwa 35 Minuten.

❶ Auch die Mangoldstiele sind essbar und für das Aufspießen sehr gut geeignet. Dafür in mundgerechte Stücke schneiden und für etwa 2–3 Minuten in Öl anbraten.

Besondere Inhaltsstoffe und ihre Wirkung

Braune, gelbe, rote oder schwarze Linsen. Die Vielfalt an diesen Hülsenfrüchten ist sehr groß. Alle haben gemeinsam, dass sie sehr gute pflanzliche Quellen für Eiweiß und Eisen sind und uns wertvolle Mineralstoffe und Ballaststoffe liefern.

Hauptspeisen

Rezepte im Winter

⊙⊙○ Vitamine   ⊙⊙⊙ Mineralstoffe   ⊙⊙⊙ Ballaststoffe   ⊙⊙⊙ sekundäre Pflanzenstoffe

CREMIGES SCHWARZWURZEL-RAGOUT
mit Schwarzbrot-Knödeln

Zutaten

Für 8 Knödel (je ca. 120 g)

- 2 gelbe Zwiebeln
- 100 g Butter
- 200 ml Milch
- 1 Prise frisch geriebene Muskatnuss
- 1 kleiner Bund Petersilie
- 400 g Schwarzbrotwürfel
- 3 Eier
- 50 g griffiges Mehl

Für das Schwarzwurzelragout

- kaltes Wasser zum Einlegen der Schwarzwurzeln
- Saft von 1 Zitrone
- 750 g Schwarzwurzeln
- 200 g Karotten
- 2 Schalotten
- 5 EL Maiskeimöl
- 1 Schuss Weißwein
- 1/4 l Wasser
- 100 ml Schlagobers
- 2 EL Mehl
- Sauerrahm
- 1 kleiner Bund Petersilie

- Salz
- frisch gemahlener Pfeffer

Zubereitung

Für die Knödel die Zwiebeln schälen, würfelig schneiden und in der Butter anrösten. Von der Hitze nehmen, mit der Milch aufgießen und Salz, Pfeffer und Muskatnuss hinzufügen. Petersilie hacken. In einer Schüssel die Schwarzbrotwürfel mit dem Zwiebel-Milch-Gemisch, den Eiern und der gehackten Petersilie mischen und 10 Minuten ziehen lassen. Das Mehl einrühren. Aus der Masse mit nassen Händen und mittelfestem Druck Knödel formen. Die Oberfläche der Knödel glätten. In einem Topf gesalzenes Wasser zum Kochen bringen, Knödel einlegen, Temperatur reduzieren und etwa 15 Minuten ziehen lassen. Eventuell vor dem Formen der ganzen Masse einen Probeknödel kochen und sehen, ob er kompakt genug ist. Fällt er auseinander noch etwas Mehl unter die Masse mengen.

Für das Schwarzwurzelragout eine Schüssel mit kaltem Wasser und der Hälfte des Zitronensaftes vorbereiten. Die Schwarzwurzeln unter leicht fließendem Wasser schälen, um ein Abfärben auf die Hände zu vermeiden. Schräg in etwa 4 cm große Stücke schneiden und gleich in das Zitronenwasser legen.

Die Karotten waschen und in Würfel schneiden. Die Schalotten schälen und fein schneiden. In etwas Pflanzenöl in einer Pfanne rösten. Die Karottenwürfel dazugeben und goldbraun anbraten. Anschließend die Schwarzwurzelstücke unterrühren, kurz mitbraten und mit etwas Weißwein ablöschen. Etwa 250 ml Wasser dazugießen, mit Salz und Pfeffer und würzen und bei mittlerer Hitze dünsten lassen, bis die Karotten und die Schwarzwurzeln bissfest sind.

Zum Binden das Obers mit zwei Esslöffeln Mehl abrühren, etwas Flüssigkeit von dem Ragout dazugeben und glatt rühren. Dann in das Ragout einrühren und aufkochen lassen. Mit dem restlichen Zitronensaft und etwas Sauerrahm abschmecken, mit den Knödeln und frisch gehackter Petersilie anrichten.

Besondere Inhaltsstoffe und ihre Wirkung

Schwarzwurzeln werden ab Oktober aus der Erde gestochen und sind ein gehaltvolles Wintergemüse. Sie enthalten hohe Mengen an Inulin, das den Dickdarmbakterien als Nahrung dient. In vielen Joghurts findet sich Inulin daher als probiotischer Zusatz.

Hauptspeisen

☉☉○ Vitamine   ☉☉☉ Mineralstoffe   ☉☉☉ Ballaststoffe   ☉☉☉ sekundäre Pflanzenstoffe

Zweierlei vom Kürbis: MARINIERTE KÜRBISSPALTEN AUS DEM OFEN & KNUSPRIGE KÜRBISRÖSTI AUF WINTERSALAT

Zutaten

Für die Kürbisspalten

- 1 kleiner Speisekürbis wie Hokkaido, Butternuss, Großer von Neapel
- 2 Knoblauchzehen
- Saft von 1 Zitrone
- 100 ml Olivenöl (regionale Alternative: Sonnenblumenöl)
- 2 Lorbeerblätter
- 2 Gewürznelken
- 1 Rosmarinzweig
- grob geschroteter Pfeffer

Für den Salat

- 100 g gemischter Wintersalat wie Asia-Salate, Endivie oder Rucola
- 20 g Kürbiskerne
- 3 EL Kürbiskernöl
- 5 EL dunkler Balsamico-Essig (regionale Alternative: Apfel-Balsam-Essig)
- 1 TL Senf
- 3 EL Leinöl
- Salz
- frisch gemahlener Pfeffer

Für die Kürbisrösti

- 300 g Erdäpfel speckig
- 400 g Speisekürbis
- 30 g Semmelbrösel oder feine Haferflocken
- 1 Ei
- 3 EL Rapsöl
- Sauerrahm

Zubereitung

Für die gebackenen Spalten den Kürbis waschen und halbieren, falls notwendig schälen. Mit einem Löffel die Kerne aushöhlen und in Spalten schneiden. Mit fein gehacktem Knoblauch, Zitronensaft, Olivenöl und den Gewürzen und Kräutern in einer Schüssel marinieren und 15 Minuten ziehen lassen. Zwischendurch in der Marinade umdrehen. Backrohr auf 180 °C Ober-/Unterhitze vorheizen. Die marinierten Spalten auf ein Backblech legen. Mit Öl von der Marinade beträufeln und für etwa 25 Minuten backen.

Für die Kürbisrösti die Erdäpfel und den Kürbis, wenn notwendig, schälen und reiben. Mit den Bröseln und dem Ei mischen, mit Salz und Pfeffer abschmecken. Das Backrohr zum Warmhalten auf 90 °C Ober-/Unterhitze vorheizen. Aus der Masse kleine Fladen formen. Öl in einer Pfanne erhitzen und die Kürbispuffer auf beiden Seiten goldbraun herausbacken. Die fertigen Rösti in den Ofen stellen, die restliche Masse fertig backen.

Für den Salat die Salatblätter waschen und gut abtropfen lassen. Wenn notwendig in mundgerechte Stücke zupfen. Die Kürbiskerne in einer Pfanne mit etwas Kürbiskernöl goldbraun rösten. Den Salat mit Essig, Senf, Leinöl, Salz und Pfeffer marinieren und mit den Kürbiskernen, Kürbisspalten und Rösti auf Tellern anrichten.

---

❶ Die Schale des Hokkaidokürbis wird sehr weich und er muss deshalb nicht geschält werden. Grundsätzlich sind auch die Schalen anderer Kürbissorten essbar, sie bleiben aber leider sehr fest und sollten deshalb entfernt werden.

Besondere Inhaltsstoffe und ihre Wirkung

Der hohe Gehalt an den antioxidativ wirksamen Carotinoiden ist in den orangen Kürbissen kaum zu übersehen. In den Kürbiskernen stecken hohe Mengen ungesättigter Fettsäuren und reichlich Vitamin E.

Hauptspeisen

Rezepte im Winter

◉◉○ Vitamine ◉◉◉ Mineralstoffe ◉◉◉ Ballaststoffe ◉◉◉ sekundäre Pflanzenstoffe ◉◉○ wertvolle Fettsäuren

LASAGNE AL CAVOLO
Die Kohllasagne

Zutaten

- 1 großer Wirsingkohl
- 2 gelbe Zwiebeln
- 2 Knoblauchzehen
- 2 Bund Wurzelgemüse (Karotten, gelbe Rüben, Sellerie, Petersilienwurzel)
- 5 EL Sonnenblumenöl
- 200 g Tomatenmark
- 250 ml heißes Wasser
- 1 Thymianzweig

Für die Béchamelsauce

- 50 g Butter
- 30 g Mehl
- 300 ml Milch
- frisch geriebene Muskatnuss
- 100 g würziger Hartkäse wie Bergkäse

- Öl für die Form
- Salz
- frisch gemahlener Pfeffer

Zubereitung

Den Kohl in Blätter teilen und den groben Strunk herausschneiden, beiseite stellen. Zwiebeln und Knoblauch schälen und grob hacken. Das Wurzelgemüse waschen bzw. schälen und würfelig schneiden. Alles zusammen in etwas Öl goldbraun anrösten, Tomatenmark dazugeben, kurz mitrösten und mit heißem Wasser aufgießen. Mit Salz, Pfeffer und frischen Thymianblättchen abschmecken und 5 Minuten köcheln lassen.

Für die Béchamelsauce Butter in einem Topf erwärmen und das Mehl nur leicht anschwitzen. Es soll nicht zur Braunfärbung kommen, also rasch mit der Milch aufgießen und unter ständigem Rühren aufkochen und eindicken lassen. Mit Salz, Pfeffer und Muskatnuss würzen.

Den Käse reiben. Das Backrohr auf 200 °C Ober-/Unterhitze aufheizen. Eine Auflaufform mit Öl ausfetten und lagenweise Kohlblätter, Gemüsemischung und Béchamelsauce einschlichten. Mit Béchamel beginnen, mit der Gemüsemischung abschließen und den geriebenen Käse daraufstreuen. Für 30 Minuten ins Rohr geben, bis eine leicht gebräunte Kruste entstanden ist.

T Für diese Lasagne-Variation eignen sich auch andere Kohlarten wie Grünkohl oder Palmkohl, aber auch Kraut, Chinakohl oder Radicchio.

Besondere Inhaltsstoffe und ihre Wirkung

Der kalorienarme und ballaststoffreiche Kohl ersetzt in diesem Rezept die Teigwaren. Die in ihm enthaltenen Bitterstoffe harmonieren perfekt mit den restlichen Zutaten und wirken gleichzeitig entzündungshemmend und aktivierend für unser Immunsystem.

Hauptspeisen

Rezepte im Winter

⊙⊙○ Vitamine ⊙⊙⊙ Mineralstoffe ⊙⊙⊙ Ballaststoffe ⊙⊙⊙ sekundäre Pflanzenstoffe

ROTKRAUT-FLECKERL
mit selbst gemachtem Frischkäse

Zutaten

Für den Frischkäse

500 g Naturjoghurt

1 TL Salz

1 EL Distelöl

ein sauberes Baumwolltuch

Für den Nudelteig

500 g Hartweizengrieß oder Mehl (glatt, griffig oder universal)

2 Eier

5 EL Öl

5 EL Wasser

1 Prise Salz

Mehl zum Bestauben

Für die Rotkrautfleckerln

3 rote Zwiebeln

800 g Rotkraut frisch

3 EL Pflanzenöl

20 g Kristallzucker

1 Schuss Rotwein

1 TL ganzer Kümmel

250 g Fleckerln (siehe Nudelteig)

Salz

frisch gemahlener Pfeffer

Zubereitung

Für den Frischkäse das Joghurt mit dem Salz verrühren. Das Baumwolltuch in ein mittelgroßes Sieb legen. Das Sieb im Kühlschrank auf eine Schüssel stellen, sodass die vom Joghurt abtropfende Molke abfließen kann. Nach 24 Stunden hat der Frischkäse eine cremige Konsistenz, nach weiteren 24 Stunden wird er so fest, dass er auch geformt und mit Kräutern und Gewürzen gemischt werden kann. Mit dem Distelöl abrühren und weiterhin kühl lagern.

Für selbst gemachte Fleckerln (wenn Sie fertige Fleckerl verwenden, diesen Schritt auslassen): Für den Nudelteig alle Zutaten kräftig zu einem glatten Teig kneten, das dauert gute 10 Minuten. Eventuell noch etwas Wasser zufügen, wenn der Teig zu trocken ist. Den Teig in einer Schüssel abgedeckt und für mindestens 1 Stunde oder aber über Nacht im Kühlschrank rasten lassen.

Auf einer gut bemehlten Arbeitsfläche dünn ausrollen. Das geht am einfachsten mit einer Nudelmaschine, ein Nudelwalker funktioniert auch, braucht nur mehr Muskelkraft. Zwischendurch immer wieder gut bemehlen. Anschließend mit einem scharfen, glatten Messer in die gewünschte Form schneiden.

Für die Rotkrautfleckerln die Zwiebeln schälen und in feine Ringe schneiden. Das Rotkraut der Länge nach halbieren, vom Strunk befreien und in feine Streifen schneiden. Zwiebeln in etwas Öl in einer Pfanne anbraten. Zucker hinzufügen und karamellisieren lassen. Bei der ersten Bräunung rasch von der Hitze nehmen. Das Kraut kurz mitrösten und mit einem Schuss Rotwein ablöschen. Mit Salz, Pfeffer und Kümmel würzen und dünsten lassen, bis das Kraut weich ist. Eventuell etwas Wasser nachgießen.

In der Zwischenzeit die Fleckerln in Salzwasser bissfest kochen und kurz mit kaltem Wasser abschrecken. Mit dem Kraut vermengen, mit Salz und Pfeffer abschmecken und mit einer Portion Frischkäse anrichten.

Besondere Inhaltsstoffe und ihre Wirkung

Den Farbstoffen des Rotkrauts wird eine stark antioxidative Wirkung nachgesagt, sie können zellschädigende Sauerstoffmoleküle abfangen und so unser Immunsystem unterstützen.

Hauptspeisen

⊙⊙○ Vitamine   ⊙⊙⊙ Mineralstoffe   ⊙⊙⊙ Ballaststoffe   ⊙⊙⊙ sekundäre Pflanzenstoffe

PIKANT GEFÜLLTER BRATAPFEL

Zutaten

Für 4 Bratäpfel

- 4 große Äpfel
- 1/2 Stange Porree
- 20 g Sonnenblumenkerne
- 20 g Walnüsse
- 2 EL Sonnenblumenöl
- 100 g Hartkäse
- 1 kleiner Bund Petersilie
- 250 g Topfen
- 5 EL Hirseflocken oder andere Getreideflocken
- Salz
- frisch gemahlener Pfeffer

Zubereitung

Das Backrohr auf 200 °C Umluft vorheizen. Äpfel vorsichtig entkernen, eventuell mit einem Apfelentkerner. Den Porree waschen, von der äußeren Schicht befreien, halbieren und in feine Streifen schneiden. Die Sonnenblumenkerne und Walnüsse hacken und mit dem Porree im Sonnenblumenöl kurz anbraten, dann auskühlen lassen. Den Käse fein reiben. Die Petersilie hacken. Alle Zutaten für die Fülle gut mischen und mit Salz und Pfeffer abschmecken. Die Äpfel füllen und für etwa 30 Minuten ins Rohr geben.

❶ Die Fülle schmeckt auch sehr gut mit einer großen Portion Kren oder Rettich.

Besondere Inhaltsstoffe und ihre Wirkung

Walnüsse, Sonnenblumenkerne und Topfen wirken in diesem Gericht mit ihrem hohen Gehalt an leicht verdaulichem Eiweiß gut sättigend.

Hauptspeisen

⊙⊙○ Vitamine ⊙⊙⊙ Mineralstoffe ⊙⊙⊙ Ballaststoffe ⊙⊙○ sekundäre Pflanzenstoffe ⊙⊙○ wertvolle Fettsäuren

SCHNITT-ZICHORIENSALAT
mit getrockneten Beeren, gebratenem Rettich, Birnenvinaigrette & Grissini

―――――――――――――――――― Zubereitung

Für die Grissini in einer Schüssel das Mehl mit dem zerbröselten Germ und den restlichen Zutaten zu einem geschmeidigen Teig kneten und mindestens 30 Minuten zugedeckt an einem warmen Platz gehen lassen. Den Teig noch einmal gut durchkneten. Auf einer bemehlten Fläche etwa einen Zentimeter dick ausrollen. Etwa 1 cm dicke Streifen in beliebiger Länge schneiden. Die Streifen mit feuchten Händen zu Stangerln rollen und auf ein mit Backpapier belegtes Backblech setzen. Mit Öl bestreichen und grobes Salz darüberstreuen. Nochmals 20 Minuten gehen lassen. Das Backrohr auf 200 °C Ober-/Unterhitze vorheizen und die Grissini etwa 15 Minuten backen.

Für den Salat die Schnittzichorie waschen und in mundgerechte Stücke schneiden. Den Rettich schälen und in dünne Scheiben schneiden. In einer Pfanne etwas Öl erhitzen und den Rettich auf beiden Seiten anbraten, mit Salz, Pfeffer und der Hälfte des Zitronensaftes abschmecken.

Für die Vinaigrette die Birne waschen, entkernen und in Würfel schneiden. Mit dem geschälten und fein gehackten Knoblauch, Senf, Salz und Pfeffer gut mixen. Anschließend das Öl in einem dünnen Strahl einfließen lassen und weiter mixen, bis eine dickcremige Konsistenz erreicht ist.

Den Salat durch die Marinade ziehen und sofort mit den abgetropften Beeren und dem lauwarmen Rettich anrichten. Dazu knusprige Grissini reichen.

Zutaten

Für die Grissini

- 200 g Dinkelmehl
- 1/2 Würfel frischer Germ (20 g)
- 1 TL Salz
- 1 Prise Zucker
- 2 EL Sonnenblumenöl
- 100 ml lauwarmes Wasser
- grobes Salz

Für den Salat

- 600 g Schnittzichorie
- 1 schwarzer Rettich
- 5 EL Sonnenblumenöl
- Saft von 1 Zitrone
- 1 Birne
- 1 Knoblauchzehe
- 1 TL Senf
- 120 ml Sonnenblumenöl
- je 20 g getrocknete Heidelbeeren und Aroniabeeren, beides in wenig Wasser eingelegt
- Salz
- frisch gemahlener Pfeffer

Besondere Inhaltsstoffe und ihre Wirkung

Aronia- oder Apfelbeeren haben einen außergewöhnlich hohen Gehalt an Anthocyanen. Sie wirken stark antioxidativ, entzündungshemmend und antibakteriell.

---

❶ Die Grissini können mit Leinsamen, Mohn oder Kümmel bestreut werden. Der Fantasie sind keine Grenzen gesetzt.

❶ Es können natürlich verschiedene Trockenfrüchte verwendet werden. Die getrockneten Beeren schmecken am besten, wenn sie vor der Verwendung ca. 1/2 Stunde in lauwarmem Wasser eingeweicht werden.

Hauptspeisen

Rezepte im Winter

⊙⊙○ Vitamine   ⊙⊙⊙ Mineralstoffe   ⊙⊙⊙ Ballaststoffe   ⊙⊙○ sekundäre Pflanzenstoffe

LEINSAMEN-EINKORN-CRACKER
mit würzigem Winter-Krenaufstrich

Zutaten

Für die Cracker

- 150 g Einkorn-Vollkornmehl
- 20 g gemahlene Leinsamen
- 40 g Butter
- 1 EL Salz
- 200 ml Wasser

- Mehl zum Ausrollen
- 1 Ei zum Bestreichen
- je 20 g brauner und gelber Leinsamen zum Bestreuen

Für den Aufstrich

- 200 g Sauerrahm
- 1/2 Knollensellerie
- 2 Pastinaken
- 1/2 Krenwurzel
- 1 Karotte
- 1 gelbe Rübe
- 1 EL Apfelessig
- 1 TL Senf
- Salz
- frisch gemahlener Pfeffer

Zubereitung

Für die Cracker alle Zutaten gut zu einem geschmeidigen Teig verkneten. Kühl für 15 Minuten rasten lassen.

Das Backrohr auf 160 °C Umluft vorheizen. Den Teig auf einer gut bemehlten Fläche dünn ausrollen und in quadratische Stücke oder eine andere beliebige Form schneiden. Auf ein mit Backpapier belegtes Backblech geben. Das Ei mit einer Gabel verquirlen, die Cracker damit bestreichen und mit Leinsamen bestreuen. Im Backrohr etwa 15 Minuten backen.

Für den Winter-Krenaufstrich den Sauerrahm in eine Schüssel geben. Sellerie, Pastinaken und Krenwurzel schälen und gemeinsam mit der gewaschenen Karotte und gelben Rübe fein reiben. Mit dem Sauerrahm verrühren und mit Apfelessig, Senf, Salz und Pfeffer abschmecken.

---

❶ Wer den Aufstrich lieber kompakter mag, nimmt statt des Sauerrahms streichfähigen Topfen.

❶ Ein geriebener Apfel oder eine Birne verleihen dem Aufstrich eine angenehm süß-säuerliche Note.

Besondere Inhaltsstoffe und ihre Wirkung

Kren liefert große Mengen an Vitamin C, das in seiner rohen Form optimal genutzt werden kann. Kren ist außerdem reich an Kalzium, Magnesium, Kalium, Eisen und Phosphor.

Snacks

Rezepte im Winter

◉◉○ Vitamine　　◉◉◉ Mineralstoffe　　◉◉◉ Ballaststoffe　　◉◉○ sekundäre Pflanzenstoffe

GERÖSTETE KOHLSPROSSEN
mit Zitronen-Dip

Zutaten

500 g Kohlsprossen

50 ml Olivenöl (regionale Alternative: Maiskeimöl)

1 EL Honig

grobes Salz

grob geschroteter bunter Pfeffer

Für den Dip

250 ml Naturjoghurt

Saft und Schale von 1 Bio-Zitrone

Salz

frisch gemahlener Pfeffer

Zubereitung

Das Backrohr auf 200 °C Ober-/Unterhitze vorheizen. Kohlsprossen von den äußeren Blättern befreien, halbieren und den Strunk entfernen. Kohlsprossen mit dem Olivenöl, Honig, Salz und Pfeffer marinieren und für etwa 30 Minuten direkt auf dem Backblech oder in einer feuerfesten Form im Backrohr rösten. Ab und zu wenden.

Für den Dip das Joghurt mit Zitronensaft und geriebener Zitronenschale abrühren, mit Salz und Pfeffer würzen und gemeinsam mit den gerösteten Kohlsprossen anrichten.

❶ Raus aus dem Kohlsprossen-Trauma! Viele von uns haben Kohlsprossen als schwer kaubare und bittere Zutaten in Erinnerung. Anders – und vor allem kleiner geschnitten – zubereitet, schmecken sie wirklich großartig. Einfach mal ausprobieren!

❶ Der Sprossenkohl oder Rosenkohl ist ein wahres Wunderwerk der Natur. Er übersteht auch Minusgrade gut und ist daher das perfekte Wintergemüse.

Besondere Inhaltsstoffe und ihre Wirkung

Kohlsprossen sind reich an Vitamin C, E und A. Die geschmacksgebenden Glucosinolate wirken antimikrobiell und aktivieren das Immunsystem.

Snacks

⊙⊙○ Vitamine ⊙⊙⊙ Mineralstoffe ⊙⊙⊙ Ballaststoffe ⊙⊙⊙ sekundäre Pflanzenstoffe

LAUWARMES ROTE-RÜBEN-CARPACCIO
mit Rettichtartar und Mozzarella

Zutaten

- 800 g kleine Rote Rüben
- 400 g Mozzarella
- 1 schwarzer Rettich
- 1 Handvoll Radieschensprossen
- Saft von 1 Zitrone
- 6 EL Olivenöl (regionale Alternative: Leinöl oder Distelöl)
- 1 EL Senf
- 100 ml dunkler Balsamico-Essig (regionale Alternative: Apfel-Balsam-Essig)
- Salz
- frisch gemahlener Pfeffer

Zubereitung

Die Roten Rüben mit der Schale etwa 20 Minuten in Salzwasser bissfest kochen. Schälen und gemeinsam mit dem Mozzarella in etwa 0,5 cm dicke Scheiben schneiden. Den Rettich schälen und in kleine Würfel schneiden. Mit den Sprossen mischen, mit Zitronensaft, der Hälfte des Olivenöls, Senf, Salz und Pfeffer würzen. Die Roten Rüben abwechselnd mit dem Mozzarella fächerartig auf Teller legen und mit dem Rettichtartar anrichten. Mit Balsamico-Essig und dem restlichen Olivenöl marinieren, mit Salz und Pfeffer würzen.

Besondere Inhaltsstoffe und ihre Wirkung

❶ Der typische, als erdig wahrgenommene Geruch und damit eng verbunden auch der Geschmack der Roten Rübe entsteht durch die Substanz Geosmin, die von Bodenbakterien produziert wird und bei sensorischen Tests schon in erstaunlich kleinen Mengen bemerkt wird. Der Übergang von Geosmin auf die Rüben passiert vor allem beim Schälen. Wer den erdigen Geschmack nicht mag, kann die Rüben vor jeder weiteren Verarbeitung gründlich waschen, das macht sie milder. Säure als Zutat sorgt zusätzlich für ein rundes Aroma.

❶ Rote Rüben schmecken auch roh köstlich. Das macht sie zu einer gesunden Rohkost-Ergänzung. Viele der Inhaltsstoffe sind hitzeempfindlich, im rohen Zustand stehen sie unserem Stoffwechsel zur Verfügung.

Der knallrote Farbstoff Betanin liegt in der Rübe an Traubenzucker gebunden vor. Er wirkt wie alle Anthocyane antioxidativ.

Snacks

⊙⊙○ Vitamine   ⊙⊙⊙ Mineralstoffe   ⊙⊙⊙ Ballaststoffe   ⊙⊙⊙ sekundäre Pflanzenstoffe

Weihnachtliche SUPERFOOD-COOKIES

Zutaten

Für 40 Stück

- 200 g Karotten
- 100 g dunkle Schokolade
- 100 g zimmerwarme Butter
- 50 g Zucker
- 150 g Einkorn-Vollkornmehl
- 20 g gemahlene Haselnüsse
- 2 EL gemahlene Leinsamen
- 1 TL Backpulver
- 1 Pkg. Vanillezucker
- 1 Prise Salz
- 1 Ei
- 1/2 Chili

Zubereitung

Das Backrohr auf 180 °C Ober-/Unterhitze vorheizen. Die Karotten waschen, in grobe Stücke schneiden und im Topf mit wenig Wasser weich dünsten. Anschließend zu Püree mixen. Die Schokolade in kleine Stücke hacken. Die Butter mit dem Zucker schaumig rühren. Das Karottenpüree dazurühren. Das Mehl mit den Nüssen, den Leinsamen, dem Backpulver, Vanillezucker und der Prise Salz vermischen und mit dem Ei in die Masse rühren. Die Chili entkernen, klein hacken und mit der Hälfte der Schokolade in den Teig rühren.

Auf ein Backpapier mit einem Esslöffel kleine, runde Kekse setzen. Die restlichen Schokoladekrümel daraufstreuen und im Rohr bei 180 °C etwa 15 Minuten backen.

❶ Bei dieser Keksvariante liefern die Karotten die natürliche Süße. Deshalb kommt das Rezept mit wenig Zucker aus. Der heimische Rübenzucker ist, wenn er als Gewürz und nicht als Hauptzutat eingesetzt wird, keine Gefahr für unsere Gesundheit.

❶ Jedes Keks- oder Kuchenrezept lässt sich, wie hier, durch den Einsatz von Vollkornmehl, gemahlenen Nüssen und Samen aufwerten. Der Zucker kann bei klassischen Keksrezepten ohne Geschmackseinbußen um ein Drittel reduziert werden.

Süßes

⊙○○ Vitamine ⊙⊙○ Mineralstoffe ⊙⊙○ Ballaststoffe ⊙○○ sekundäre Pflanzenstoffe

SAFTIGER GEWÜRZKUCHEN
im Glas

Für 4 Weckgläser (je 580 ml)

- 400 g Pastinaken
- Butter und Mehl für die Gläser
- 3 Eier
- 200 g Zucker
- 150 g weiche Butter
- 1 Msp. gemahlener Zimt
- 1 Msp. gemahlene Nelken
- 1 Msp. Lebkuchengewürz
- 1 Vanilleschote
- 320 g Weizenmehl
- 70 g gemahlene Haselnüsse
- Saft von 1 Zitrone
- 1 TL Weinsteinbackpulver

Zubereitung

Die Pastinaken schälen und fein raspeln. Beiseite stellen. Die Gläser mit Butter einfetten und mit etwas Mehl ausstreuen. Eier trennen und das Eiweiß mit 100 g Zucker steif schlagen. Die Butter mit dem restlichen Zucker, Zimt, Nelken, Lebkuchengewürz und dem Vanillemark aus der Schote gründlich schaumig rühren. Eidotter einzeln dazugeben und unterrühren. Eischnee, Mehl mit Backpulver, Pastinakenraspel und Nüsse abwechselnd unterheben.

Jetzt erst den Ofen auf 180 °C Ober-/Unterhitze einschalten, die Temperatur sollte zu Beginn noch nicht voll erreicht sein. Den Teig so in die Gläser füllen, dass diese etwa zur Hälfte gefüllt sind. Im Ofen ca. 30–35 Minuten ohne Deckel backen. Nach dem Backen eventuell überstehenden Kuchen abschneiden, Ränder säubern und sofort verschließen.

❶ Der Kuchen ist bei kühler (max. 18 °C), dunkler Lagerung zwei Monate haltbar.

❶ Da Eischnee verwendet wird, ist nicht unbedingt Backpulver nötig. Es macht den Kuchen aber noch flaumiger.

❶ Grundsätzlich lässt sich jeder Kuchen aus einfachem Rührteig auch im Glas umsetzen. Vorsicht ist nur beim Zusatz von Obst geboten, hier ist die Haltbarkeit durch das Wasser in den Früchten und die dadurch entstehenden Luftbläschen beim Backen stark herabgesetzt. Im Normalfall wird der Kuchen aber ohnehin nicht sehr alt, sondern gleich vernascht!

Besondere Inhaltsstoffe und ihre Wirkung

Pastinaken haben einen hohen Gehalt an Kalzium, Magnesium, Jod, Zink und Eisen. Das Wurzelgemüse kann roh oder gekocht gegessen werden.

Süßes

Rezepte im Winter

⊙⊙⊙ Vitamine　⊙⊙⊙ Mineralstoffe　⊙⊙⊙ Ballaststoffe　⊙⊙⊙ sekundäre Pflanzenstoffe

WALDSTAUDEKORN-DESSERT
mit Honig, Zimt & Apfelmus

Zutaten

- 200 g Waldstaudekorn-Reis
- 1 Prise Salz
- 600 ml Milch
- 3 EL Honig
- 1 Prise Zimt
- 200 ml Schlagobers

Für das Apfelmus

- 2 Äpfel
- 100 ml Wasser
- Saft von 1 Zitrone
- 1 EL Zucker
- 3 Gewürznelken

Zubereitung

Den Waldstaudekorn-Reis in leicht gesalzener Milch bei schwacher Hitze etwa 35 Minuten köcheln lassen. Dabei öfters umrühren, damit nichts anbrennt. Mit Honig und Zimt abschmecken. Beiseite stellen und leicht überkühlen lassen.

Für das Apfelmus die Äpfel waschen, entkernen und klein schneiden. In einem Topf mit etwas Wasser, Zitronensaft, Zucker und Nelken kochen, bis die Äpfel weich sind und zerfallen. Die Nelken entfernen. Kurz mit dem Pürierstab mixen und etwas auskühlen lassen.

Das Schlagobers steif schlagen und unter den lauwarmen Waldstaudekorn-Reis heben. Abwechselnd mit dem Apfelmus in Gläser schichten und sofort servieren.

---

❶ Falls ein Pürierstab zur Hand ist, kann der Waldstaudekorn-Reis nach Belieben zu einer feineren Creme gemixt werden. Er schmeckt aber grob und fein sehr gut.

❶ Beim Fotoshooting haben wir für das Rezept rotschalige Äpfel verwendet. Das Apfelmus ist samt Schale zubereitet worden, was zu der schönen pinken Farbe geführt hat.

Besondere Inhaltsstoffe und ihre Wirkung

Waldstaudekorn ist die wenig genutzte Urform des Roggens. Besonders erwähnenswert ist sein hoher Gehalt an B-Vitaminen.

Süßes

Rezepte im Winter

⊙⊙○ Vitamine ⊙⊙⊙ Mineralstoffe ⊙⊙⊙ sekundäre Pflanzenstoffe

Glossar

Buchteln	Gebäck aus Hefeteig
Dampfl	Vorteig beim Backen mit Germ (Hefe)
Eidotter	Eigelb
Erdäpfel	Kartoffeln
Fisolen	Gartenbohnen/Grüne Bohnen
Germ	Hefe
Häuptelsalat	Kopfsalat
Heidelbeeren	Blaubeeren/Schwarzbeeren
Holler	Holunder
Hollerkoch	Kompott aus Holunderbeeren
Karfiol	Blumenkohl
Karotte	Möhre
Kefir	säuerliches Getränk aus vergorener Milch
Knollensellerie	Sellerie
Kohlsprossen/Sprossenkohl	Rosenkohl
Kren	Meerrettich
Kukuruz	Mais
Marillen	Aprikosen
Marmelade	Konfitüre
Maroni	Esskastanien
Melanzani	Aubergine
Obers	Sahne
Paradeiser	Tomaten
Polenta	Maisgrieß
Porree	Lauch
Powidl	Pflaumenmus
Ribiseln	Rote Johannisbeeren
Rote Rüben	Rote Bete
Rotkraut	Rotkohl
Sauerrahm	saure Sahne
Schlagobers	Sahne
Semmel	weißes Brötchen
Semmelbrösel	Paniermehl
Staubzucker	Puderzucker
Tahin	Sesampaste
Topfen	Quark
Vinaigrette	Dressing aus Essig und Öl
Vogerlsalat	Feldsalat
Weißkraut	Weißkohl
Zwetschken	Pflaumen

Stichwortregister

A

Abwehrkräfte_172
Açai-Beeren_13
Amaranth_34, 35
Anthocyane_19, 64, 84, 96, 136, 142, 216, 222
antikanzerogen → *krebshemmend*_31
antimikrobiell → *bakterienhemmend*_31
Antioxidantien_19, 123, 142
antioxidativ_13, 19, 48, 64, 68, 84, 96, 136, 170, 208, 212, 216, 222
Äpfel_88, 154, 178
Aronia, Apfelbeere_13, 19, 20, 216
Asia-Salate_25, 58, 70, 200

B

β-Glucane → *Glucane*
Ballaststoffe_13, 19, 25, 31, 33, 43, 55, 56, 58, 66, 86, 90, 98, 104, 118, 128, 130, 134, 142, 154, 170, 174, 178, 202, 210
Bärlauch_38
Beeren_13, 19, 20, 96, 100, 152, 216
Betanin_126, 222
Bio, Biologische Landwirtschaft_8, 12, 14, 22, 33, 55, 66, 80, 174
Birnen_19, 154
Bitterstoffe_11, 29, 38, 48, 192, 210
Blutzucker_51, 178, 182
Bohnen_37, 82, 111
Brennnessel_38, 48
Broccoli_25, 160, 170
Brombeeren_13, 19
Buchweizen_33, 34, 35, 50, 120, 192
Buttermilch_156

C

Carotinoide_64, 122, 126, 132, 166, 170, 208
Carotin, β-_25, 62, 123
Chiasamen_13, 130
Chicorée_29
Chinakohl_25, 158
Cumarin_146

D

Darm_19, 23, 29, 37, 51, 56, 66, 74, 90, 96, 98, 100, 128, 156, 188, 202, 206
Dinkel_33, 88, 150
Doldenblütler_31

E

Eier_22, 37, 58, 102, 146, 183
Einkorn_33, 34, 62, 88
Eisen_25, 38, 56, 66, 72, 76, 92, 104, 123, 128, 130, 146, 204, 218, 226
Eiweiß_10, 22, 33, 35, 37, 58, 76, 86, 102, 128, 146, 150, 170, 183, 190, 200, 204, 214
Emmer_33, 34, 88, 118
Erbsen_37, 134
Erdäpfel, bunt_12, 64
Erdbeeren_13, 84, 100, 138

F

Farbstoffe_12, 15, 19, 84, 96, 114, 126, 136, 138, 166, 212, 222
Fenchel_31, 37, 108
Fermentation_23, 74f, 162f
Fett_10, 11, 22, 37, 43, 45, 48, 56, 70, 72, 82, 106, 130, 156, 168, 170, 180
Fettsäuren, ungesättigte_22, 56, 72, 100, 168, 208
Flavonoide_48, 64, 96, 122, 138

G

Geosmin_222
Gerbstoffe → *Tannine*
Gerste_33, 34, 51, 58, 98, 188
Getreide_15, 33ff, 37, 51, 62, 72, 88, 98, 118, 132, 150
Giersch_38
Glucane, β-_33, 51, 98, 142
Glucosinolate_80, 220
Gluten_15, 34
Glutenfrei_15, 34ff, 51, 72, 120, 182
Glycoside → *Senfölglycoside*
Goji-Beeren_13
Grünkern_33, 150
Grünkohl_25, 126, 172, 210

H

Hafer_33ff, 51, 142, 182, 188
Hanfsamen_43, 182ff
Haselnüsse_43, 168, 182
Heidelbeeren_19, 20, 96
Himbeeren_19, 96, 100
Hirse_33, 34, 72
Holunder_13, 19f, 136
Honig_114
Hülsenfrüchte_37, 76, 82, 128, 204

I

Immunsystem_8, 15, 25, 29, 33, 38, 60, 70, 136, 142, 196, 212
Inulin_29, 206

J

Jod_58, 226
Joghurt_23, 106, 206

K

Käferbohnen_37, 111
Kalium_218
Kalzium_23, 25, 58, 66, 68, 92, 130, 146, 170, 226
Kapuzinerkresse_25, 60
Karfiol_25, 116, 160
Karotten_31, 38, 56, 64, 126, 224
Karottengrün_38, 123
Kauen_19, 110, 176
Kichererbsen_37, 55, 86, 106
Knoblauch_55, 78, 172, 196
Kohl_25, 116, 126, 148, 172, 196, 210
Kohlenhydrate_33, 146, 178, 200
Kohlrabi_25
Kohlrabigrün_38, 172
Kohlsprossen_25, 220
Korbblütler_29
Kräuter_29, 37ff, 48, 60
Kren_25, 54, 218
Kresse_25, 78, 148
Kreuzblütengewächse_25, 116
Kürbis_146, 208
Kürbiskerne_43

L

Laktose → *Milchzucker*
Lauch → *Porree*
Leinöl_45, 56, 82, 100, 108, 172
Leinsamen_13, 43, 130, 144, 180, 182
Linsen_37, 76, 128, 204
Löwenzahn_38, 60
Lycopin_15, 166

M

Magnesium_56, 92, 218, 226
Mais_33, 34, 132
Mangold_66, 204
Marillen_19, 90, 100, 122, 144
Maroni_43, 190
Maulbeeren_20, 96
Milchsäure_23, 74, 156
Milchsäurebakterien_56, 74, 75, 96, 156, 163
Milchzucker_15, 23, 56
Mineralstoffe_11, 15, 19, 22, 25, 33, 35, 37, 43, 56, 62, 66, 74, 84, 90, 118, 144, 162, 182, 190
Mohn_43, 92, 182
Muttersaft_20, 152

N

Nährstoffdichte_11, 25, 31, 38, 126
Neuseeländer Spinat_148

O

Oligomere Proanthocyanidine (OPC)_142
Olivenöl_10, 45
ORAC-Werte (Oxygen Radical Absorbance Activity)_13

P

Pastinake_31, 58, 226
Pektin_136, 178
Petersilie_38, 68, 196
Pflanzenöle_45, 108
Phosphor_218
Phytosterine_43, 48
Polyphenole_19, 84
Porree_196
Porridge_188
Portulak_146
Pseudocerealien_33ff

Q

Quinoa_34

R

Radicchio_29, 114
Radieschen_25, 70, 78, 80
Radieschengrün_38, 80
Region, regional_8, 10, 12, 14, 17ff, 19, 55, 60, 78
Rettich_25, 80, 148
Roggen_33f, 228
Rohkost_14, 158, 176, 184, 222
Romanesco_25, 160
Rote Rübe_54, 64, 126, 222
Rote Rübe, Blätter_38
Rotkraut_13, 25, 176, 212
Rucola_25, 62

S

Saison, saisonal_12, 14, 19, 84, 104, 178
Samen_8, 13, 37, 43, 180, 224
Sanddorn_19f, 152
Sauerkraut_23, 72, 74f, 204
Sauermilch_23, 56
Sauerrahm_96
Schleimstoffe_33, 146, 180, 188
Schwarze Johannisbeeren_13, 19, 96, 152
Schwarzwurzel_29, 206
Sekundäre Pflanzenstoffe_11, 19, 43, 55, 80, 96, 100, 114, 116, 122, 126, 132, 138
Sellerie_31, 150
Senf_25, 58
Senfkeimlinge_82
Senfölglycoside, Senföle_25, 60, 62, 70, 116, 126, 148, 160, 172, 200
Sortenvielfalt_88, 120
Sonnenblumenkerne_43, 56, 214
Spargel_78
Sprossen_25, 70, 82, 148
Stachelbeeren_19, 100
Stangensellerie_31
Sulfide_55
Superfood_8, 10f, 13f, 19

T

Tannine, Gerbstoffe_19, 84
Terpene_31
Topinambur_66
Trauben → Weintrauben
Trockenfrüchte_19, 90, 144, 184, 216

V

Verdauung_29, 33, 38, 51, 56, 58, 108, 110, 148, 180
Vitamine_11, 15, 19, 22, 25, 33, 37, 38, 45, 56, 82, 96, 100, 136, 163
Vitamin A_220
Vitamin B_23, 35, 58, 228
Vitamin C_13, 15, 25, 38, 66, 74, 84, 110, 114, 128, 152, 220
Vitamin D_68
Vitamin E_68, 104, 208, 220
Vitaminverlust_15, 74, 158
Vogelmiere_38, 60
Vogerlsalat, Feldsalat_194
Vollkorn_33, 104, 174

W

Waldstaudekorn_33, 228
Walnüsse_43, 70, 142, 182, 200, 214
Weintrauben_19, 142
Weißkraut_24, 74, 111
Wildkräuter_38, 48, 60
Wirsingkohl_25, 126, 196, 210
Wintergemüse_29, 206, 220
Wurzelgemüse_31, 58, 226

Z

Zichorie, Blattzichorie_29
Zitrusfrüchte_10, 80
Zucker_11, 20, 85, 134
Zwetschken_19, 90, 144, 178, 182
Zwiebel_108
Zink_58, 170, 226

Register nach Zutaten

Amaranth

Amaranth-Pancakes mit Maulbeeren und Sauerrahm_96

Äpfel und Birnen

Dinkel-Grießschmarren mit Äpfeln und Zwetschken_178
Emmerreis-Auflauf mit Birne und Apfel_88
Erfrischender Linsensalat mit Birnen_128
Karotten-Sanddorn-Suppe_152
Kefirnockerl mit Hollerkoch_136
Pikant gefüllter Bratapfel_214
Porridge süß & herzhaft mit heißem Apfel-Ingwer-Drink_188
Rotkraut-Rohkost-Salat_176
Schnittzichorien-Salat mit getrockneten Beeren, gebratenem Rettich, Birnenvinaigrette & Grissini_216
Superfood-Frühstücks-Kuchen_144
Waldstaudekorn-Dessert mit Honig, Zimt & Apfelmus_228
Wilder Salat mit Frühlingskräutern_60
Vegetarischer Caesar's Salat_154

Asia-Salate

Bunte Chinakohl-Wraps mit scharfem Chili-Dip_158
Joghurtsuppe mit Kichererbsen und würzigen Asia-Salaten_106
One-Pot-Pasta „Ricotta-Walnuss-Asia-Salat"_200
Rollgersten-Suppe in Frühlingslaune_58
Spargel-Brot-Salat mit würziger Kressevinaigrette_78

Beeren

Amaranth-Pancakes mit Maulbeeren und Sauerrahm_96
Broccolisalat in beeriger Begleitung mit Blattzichorie und Walnüssen_170
Erdbeer-Rhabarber-Marmelade mit buntem Pfeffer_138
Good Morning-Mix mit Haferdrink, Trauben und Nüssen_142
Karotten-Sanddorn-Suppe_152
Kefirnockerl mit Hollerkoch_136

Lauwarmer Spinatsalat mit gerösteten Sonnenblumenkernen, karamellisierten Schalotten, Ziegenkäse und Erdbeeren_84
Porridge süß & herzhaft mit heißem Apfel-Ingwer-Drink_188
Schnittzichorien-Salat mit getrockneten Beeren, gebratenem Rettich, Birnenvinaigrette & Grissini_216
Super-Smoothie-Bowl_100
Leinsamen-Pudding mit Vanille und frischen Beeren_180

Bittersalate
Broccolisalat in beeriger Begleitung mit Blattzichorie und Walnüssen_170
Frühstücks-Galettes mit Radicchio_192
Gebratener Radicchio mit karamellisierten Trauben und Nüssen_114
Schnittzichorien-Salat mit getrockneten Beeren, gebratenem Rettich, Birnenvinaigrette & Grissini_216

Bohnen
Bunte Chinakohl-Wraps mit scharfem Chili-Dip_158
Dinkelstange gefüllt mit weißer Bohnencreme und Senfkeimlingen_82
Feuriger Käferbohnen-Topf_166
Gemüse-Vollkorn-Crumble mit Bohnen und Schafkäse_202
Sommerlicher Bohnenburger mit cremig-leichtem Coleslawsalat_110

Buchweizen
Frischkornmüsli aus rohem Buchweizen mit Granola_50
Frühstücks-Galettes mit Radicchio_192
Spaghetti mit Buchweizenbolognese_120

Broccoli
Broccolisalat in beeriger Begleitung mit Blattzichorie und Walnüssen_170
Fruchtiges Buttermilchcurry mit Vollkorn-Couscous_156
Gebratener Karfiol mit Kichererbsen und Aioli_160

Chinakohl
Bunte Chinakohl-Wraps mit scharfem Chili-Dip_158
Joghurtsuppe mit Kichererbsen und würzigen Asia-Salaten_106
Lasagne al cavolo – die Kohllasagne_210
Rollgersten-Suppe in Frühlingslaune_58
Spargel-Brot-Salat mit würziger Kressevinaigrette_78

Dinkel
Dinkel-Grießschmarren mit Äpfeln und Zwetschken_178
Dinkelmuffins mit Rhabarber und Mohn_92
Dinkelstange gefüllt mit weißer Bohnencreme und Senfkeimlingen_82
Emmerreis-Auflauf mit Birne und Apfel_88
Superfood-Frühstücks-Kuchen_144

Eier
Arme Ritter mit knallig grünem Erbseneis_134
Dinkelmuffins mit Rhabarber und Mohn_92
Eier im Glas auf rotem Vogerlsalat_194
Ei im Hokkaido-Mantel_146
Emmerreis-Auflauf mit Birne und Apfel_88
Frühlingssalat mit scharfen Sprossen und Ei_70
Frühstücks-Galettes mit Radicchio_192
Getreidebraten mit Selleriepüree_150
Mini-Frittata mit jungen Brennnesselspitzen_48
Rollgersten-Suppe in Frühlingslaune_58
Rotkrautfleckerl_212
Saftiger Gewürzkuchen im Glas_226
Schneller Flammkuchen mit knackigem Sommergemüse_104
Schwarzbrot-Knödel → *Cremiges Schwarzwurzelragout_206*
Steirer-Ei auf Vollkorn-Nussbrot_102
Vegetarischer Caesar's Salat_154

Einkorn
Cremiges Einkorn-Risotto mit Pilzen und Rucolaschaum_62
Emmerreis-Auflauf mit Birne und Apfel_88
Leinsamen-Einkorn-Cracker mit würzigem Winter-Krenaufstrich_218

Emmer
Emmerreis-Auflauf mit Birne und Apfel_88
Mangold-Maki mit Emmerreis_118

Erbsen
Arme Ritter mit knallig grünem Erbseneis_134

Erdäpfel (Kartoffeln)
Eine Schüssel voll Glück – Mangoldbowl_66
Einfach & schnell: Regenbogen-Gemüse aus dem Rohr_64
Getreidebraten mit Selleriepüree_150
Knusprige Gemüsechips mit Sauerrahm-Dip_126
Linsen-Erdäpfel-Spieß auf gebratenem Sauerkraut_204
Mini-Frittata mit jungen Brennnesselspitzen_48
Sauerkraut-Hirse-Laibchen mit Erdäpfelpüree_72
Zweierlei vom Kürbis: Marinierte Kürbisspalten aus dem Ofen & Knusprige Kürbisrösti auf Wintersalat_208

Fenchel
Fruchtiges Buttermilchcurry mit Vollkorn-Couscous_156
Lauwarmes Balsamicogemüse mit Kräuter-Leinöl_108
Spaghetti mit Buchweizenbolognese_120
Suppenwürze selbst gemacht_198
Würziges Tomaten-Fenchel-Pesto_123

Fermentiertes
Buttermilch, Joghurt und Sauermilchprodukte
Amaranth-Pancakes mit Maulbeeren und Sauerrahm_96
Fruchtiges Buttermilchcurry mit Vollkorn-Couscous_156
Joghurtsuppe mit Kichererbsen und würzigen Asia-Salaten_106
Karotten-Sauermilch-Smoothie_56
Kefirnockerl mit Hollerkoch_136

Leinsamen-Einkorn-Cracker mit würzigem Winter-Krenaufstrich_218

Gemüse
Gefüllte Roggenbuchteln mit Nussbutter und fermentiertem Gemüse_162
Linsen-Erdäpfel-Spieß auf gebratenem Sauerkraut_204
Sauerkraut-Hirse-Laibchen mit Erdäpfelpüree_72
Sauerkraut selbst gemacht – im Einmachglas_74

Gerste
Erfrischende Gersten-Gazpacho_98
Frischkornmüsli aus rohem Buchweizen mit Granola_50
Porridge süß & herzhaft mit heißem Apfel-Ingwer-Drink_188
Rollgersten-Suppe in Frühlingslaune_58

Grünkern
Getreidebraten mit Selleriepüree_150

Grünkohl
Knusprige Gemüsechips mit Sauerrahm-Dip_126
Naanbrot mit Grünkohl-Dip_172
Rollgersten-Suppe in Frühlingslaune_58

Hafer
Frischkornmüsli aus rohem Buchweizen mit Granola_50
Good Morning-Mix mit Haferdrink, Trauben und Nüssen_142
Knusprige Powerkekse_182
Porridge süß & herzhaft mit heißem Apfel-Ingwer-Drink_188
Schneller Haferdrink selbst gemacht_142
Selbst gemachte Müsliriegel_182

Hirse
Hirsegranola → *Super-Smoothie-Bowl*_100
Pikant gefüllter Bratapfel_214
Sauerkraut-Hirse-Laibchen mit Erdäpfelpüree_72

Karfiol (Blumenkohl)
Fruchtiges Buttermilchcurry mit Vollkorn-Couscous_156
Gebratener Karfiol mit Kichererbsen und Aioli_160
Karfiol einmal anders: „Karfiolreis" mexikanische Art_116

Karotte (Möhre)
Cremiges Schwarzwurzelragout mit Schwarzbrot-Knödeln_206
Einfach & schnell: Regenbogen-Gemüse aus dem Rohr_64
Gebratener Karfiol mit Kichererbsen und Aioli_160
Gefüllte Roggenbuchteln mit Nussbutter und fermentiertem Gemüse_162
Gemüse-Vollkorn-Crumble mit Bohnen und Schafkäse_202
Karotten-Sanddorn-Suppe_152
Karotten-Sauermilch-Smoothie_56
Knusprige Gemüsechips mit Sauerrahm-Dip_126
Lauwarmes Balsamicogemüse mit Kräuter-Leinöl_108
Leinsamen-Einkorn-Cracker mit würzigem Winter-Krenaufstrich_218
Suppenwürze selbst gemacht_198
Volle Kraft voraus! Winterliche Minestrone für verschnupfte Tage_196
Weihnachtliche Superfood-Cookies_224

Karottengrün
Scharfes Pesto aus Karottengrün und Limette_123

Kichererbsen
Gebratener Karfiol mit Kichererbsen und Aioli_160
Joghurtsuppe mit Kichererbsen und würzigen Asia-Salaten_106
Knusprige Falafeln_86
Würzige Brotchips mit Hummus-Dreierlei_54

Kohlsprossen (Rosenkohl)
Geröstete Kohlsprossen mit Zitronen-Dip_220

Kohlrabi
Gefüllte Roggenbuchteln mit Nussbutter und fermentiertem Gemüse_162

Kohlrabiblätter
Naanbrot mit Grünkohl-Dip_172

Kräuter
Wildkräuter, Küchenkräuter und anderes Grün (Green Superfood)
Bagel mit Melanzanicreme, Stangensellerie, Kresse und Neuseeländer Spinat_148
Eier im Glas auf rotem Vogerlsalat_194
Ei im Hokkaido-Mantel_146
Eine Schüssel voll Glück – Mangoldbowl_66
Gefüllte Portobello-Pilze mit Petersilien-Gremolata und Schafkäse_68
Lauwarmer Spinatsalat mit gerösteten Sonnenblumenkernen, karamellisierten Schalotten, Ziegenkäse und Erdbeeren_84
Linsen-Erdäpfel-Spieß auf gebratenem Sauerkraut_204
Mangold-Maki mit Emmerreis_118
Mini-Frittata mit jungen Brennnesselspitzen_48
Porridge süß & herzhaft mit heißem Apfel-Ingwer-Drink_188
Scharfes Pesto aus Karottengrün und Limette_123
Wilder Salat mit Frühlingskräutern_60

Leinöl
Bunte Frischkäse-Chili-Bällchen_130
Dinkelstange gefüllt mit weißer Bohnencreme und Senfkeimlingen_82
Eier im Glas auf rotem Vogerlsalat_194
Einfach & schnell: Regenbogen-Gemüse aus dem Rohr_64
Erfrischender Linsensalat mit Birnen_128
Gefüllte Portobello-Pilze mit Petersilien-Gremolata und Schafkäse_68
Karotten-Sauermilch-Smoothie_56
Lauwarmes Balsamicogemüse mit Kräuter-Leinöl_108
Good Morning-Mix mit Haferdrink, Trauben und Nüssen_142
Mangold-Maki mit Emmerreis_118
Naanbrot mit Grünkohl-Dip_172
Porridge süß & herzhaft mit heißem Apfel-Ingwer-Drink_188

Linsen
Erfrischender Linsensalat mit Birnen_128
Linsen-Erdäpfel-Spieß auf gebratenem Sauerkraut_204

Scharfes Linsendahl mit Minz-
joghurt_76

Mais
Polenta-Sandwich mit Antipasti_132

Mangold
Eine Schüssel voll Glück –
Mangoldbowl_66
Linsen-Erdäpfel-Spieß auf
gebratenem Sauerkraut_204
Mangold-Maki mit Emmerreis_118

Marillen, frisch
Schafkäse-Päckchen vom Grill
mit dreierlei Pesto_122
Super-Smoothie-Bowl_100

Melanzani
Bagel mit Melanzanicreme,
Stangensellerie, Kresse und
Neuseeländer Spinat_148
Polenta-Sandwich mit Antipasti_132
Schneller Flammkuchen mit
knackigem Sommergemüse_104

Neuseeländer Spinat
Bagel mit Melanzanicreme,
Stangensellerie, Kresse und
Neuseeländer Spinat_148

Nüsse und Samen
Broccolisalat in beeriger
Begleitung mit Blattzichorie
und Walnüssen_170
Bunte Frischkäse-Chili-
Bällchen_130
Dinkelmuffins mit Rhabarber
und Mohn_92
Frischkornmüsli aus rohem
Buchweizen mit Granola_50
Frühlingssalat mit scharfen
Sprossen und Ei_70
Gebratener Radicchio mit
karamellisierten Trauben und
Nüssen_114
Good Morning-Mix mit Hafer-
drink, Trauben und Nüssen_142
Knusperdessert mit Trockenobst
und Kürbiskern-Krokant_90
Knusprige Powerkekse_182
Lauwarmer Spinatsalat mit ge-
rösteten Sonnenblumenkernen,
karamellisierten Schalotten,
Ziegenkäse und Erdbeeren_84
Leinsamen-Einkorn-Cracker
mit würzigem Winter-Kren-
aufstrich_218

Karotten-Sauermilch-Smoothie_56
Maronisuppe mit Nusstopping_190
One-Pot-Pasta „Ricotta-
Walnuss-Asia-Salat"_200
Pikant gefüllter Bratapfel_214
Porridge süß & herzhaft mit
heißem Apfel-Ingwer-Drink_188
Rotkraut-Rohkost-Salat_176
Saftiger Gewürzkuchen im
Glas_226
Scharfe Zucchininudeln mit
Rucola-Haselnuss-Pesto_168
Scharfes Pesto aus Karottengrün
und Limette_123
Selbst gemachte Müsliriegel_182
Steirer-Ei auf Vollkorn-Nuss-
brot_102
Superfood-Frühstücks-
Kuchen_144
Leinsamen-Pudding mit Vanille
und frischen Beeren_180
Weihnachtliche Superfood-
Cookies_224
Zweierlei vom Kürbis: Marinierte
Kürbisspalten aus dem Ofen
& Knusprige Kürbisrösti auf
Wintersalat_208
Super-Smoothie-Bowl_100
Vegetarischer Caesar's Salat_154
Volle Kraft voraus! Winterliche
Minestrone für verschnupfte
Tage_196
Wilder Salat mit Frühlings-
kräutern_60
Zweierlei vom Kürbis: Marinierte
Kürbisspalten aus dem Ofen
& Knusprige Kürbisrösti auf
Wintersalat_208

Paprika
Bagel mit Melanzanicreme,
Stangensellerie, Kresse und
Neuseeländer Spinat_148
Bunte Chinakohl-Wraps mit
scharfem Chili-Dip_158
Bunte Frischkäse-Chili-
Bällchen_130
Erfrischende Gersten-
Gazpacho_98
Erfrischender Linsensalat
mit Birnen_128
Feuriger Käferbohnen-Topf_166
Karfiol einmal anders:
„Karfiolreis" mexikanische
Art_116
Mangold-Maki mit Emmerreis_118

Polenta-Sandwich mit Anti-
pasti_132
Scharfe Zucchininudeln mit
Rucola-Haselnuss-Pesto_168

Pastinake
Einfach & schnell: Regenbogen-
Gemüse aus dem Rohr_64
Fruchtiges Buttermilchcurry
mit Vollkorn-Couscous_156
Leinsamen-Einkorn-Cracker
mit würzigem Winter-Kren-
aufstrich_218
Porridge süß & herzhaft
mit heißem Apfel-Ingwer-
Drink_188
Rollgersten-Suppe in Frühlings-
laune_58
Saftiger Gewürzkuchen im
Glas_226
Volle Kraft voraus! Winterliche
Minestrone für verschnupfte
Tage_196

Pilze
Bunte Chinakohl-Wraps mit
scharfem Chili-Dip_158
Cremiges Einkorn-Risotto mit
Pilzen und Rucolaschaum_62
Gefüllte Portobello-Pilze mit
Petersilien-Gremolata und
Schafkäse_68
Mini-Frittata mit jungen Brenn-
nesselspitzen_48

Porree
Cremiges Einkorn-Risotto mit
Pilzen und Rucolaschaum_62
Karotten-Sanddorn-Suppe_152
Pikant gefüllter Bratapfel_214
Porridge süß & herzhaft mit
heißem Apfel-Ingwer-Drink_188
Rucola-Mini-Strudel_174
Suppenwürze selbst gemacht_198
Volle Kraft voraus! Winterliche
Minestrone für verschnupfte
Tage_196

Portulak
Ei im Hokkaido-Mantel_146

Radieschen und Rettich
Erfrischender Linsensalat mit
Birnen_128
Frühlingssalat mit scharfen
Sprossen und Ei_70
Gebratene Radieschen mit
Limettendressing_80

Lauwarmes Rote-Rüben-Carpaccio
mit Rettichtartar und Mozza-
rella_222
Pikant gefüllter Bratapfel_214
Schnittzichorien-Salat mit
getrockneten Beeren, gebrate-
nem Rettich, Birnenvinaigrette
& Grissini_216
Spargel-Brot-Salat mit würziger
Kressevinaigrette_78
Suppenwürze selbst gemacht_198
Vegetarischer Caesar's Salat_154

Radieschenblätter
Wilder Salat mit Frühlings-
kräutern_60

Roggen
Gefüllte Roggenbuchteln mit
Nussbutter und fermentiertem
Gemüse_162

Rote Rübe
Gefüllte Roggenbuchteln mit
Nussbutter und fermentiertem
Gemüse_162
Knusprige Gemüsechips mit
Sauerrahm-Dip_126
Lauwarmes Rote-Rüben-Carpaccio
mit Rettichtartar und Mozza-
rella_222
Würzige Brotchips mit Hummus-
Dreierlei_54

Rote Rüben-Blätter
Wilder Salat mit Frühlings-
kräutern_60

Rotkraut
Rotkrautfleckerl mit selbst
gemachtem Frischkäse_212
Rotkraut-Rohkost-Salat_176

Rucola
Bagel mit Melanzanicreme,
Stangensellerie, Kresse und
Neuseeländer Spinat_148
Cremiges Einkorn-Risotto mit
Pilzen und Rucolaschaum_62
Joghurtsuppe mit Kichererbsen
und würzigen Asia-Salaten_106
Mini-Frittata mit jungen Brenn-
nesselspitzen_48
Rucola-Mini-Strudel_174
Scharfe Zucchininudeln mit
Rucola-Haselnuss-Pesto_168
Sommerlicher Bohnenburger mit cre-
mig-leichtem Coleslawsalat_110

Wilder Salat mit Frühlings-
kräutern_60
Zweierlei vom Kürbis: Marinierte
Kürbisspalten aus dem Ofen
& Knusprige Kürbisrösti auf
Wintersalat_208

Schwarzwurzel
Cremiges Schwarzwurzelragout mit
Schwarzbrot-Knödeln_206

Sellerie
Getreidebraten mit Sellerie-
püree_150
Leinsamen-Einkorn-Cracker
mit würzigem Winter-Kren-
aufstrich_218
Maronisuppe mit Nusstopping_190
Scharfes Linsendahl mit Minz-
joghurt_76
Suppenwürze selbst gemacht_198
Volle Kraft voraus! Winterliche
Minestrone für verschnupfte
Tage_196

Spargel
Spargel-Brot-Salat mit würziger
Kressevinaigrette_78

Spinat
Ei im Hokkaido-Mantel_146
Lauwarmer Spinatsalat mit ge-
rösteten Sonnenblumenkernen,
karamellisierten Schalotten,
Ziegenkäse und Erdbeeren_84
Mini-Frittata mit jungen Brenn-
nesselspitzen_48
Porridge süß & herzhaft mit
heißem Apfel-Ingwer-Drink_188
Rollgersten-Suppe in Frühlings-
laune_58
Spargel-Brot-Salat mit würziger
Kressevinaigrette_78
Super-Smoothie-Bowl_100

Spitzkohl
Fruchtiges Buttermilchcurry mit
Vollkorn-Couscous_156

Sprossen und Keimlinge
Bagel mit Melanzanicreme,
Stangensellerie, Kresse und
Neuseeländer Spinat_148
Dinkelstange gefüllt mit weißer
Bohnencreme und Senfkeim-
lingen_82
Frühlingssalat mit scharfen
Sprossen und Ei_70

Spargel-Brot-Salat mit würziger
Kressevinaigrette_78
Suppenwürze selbst gemacht_198

Stangensellerie
Bagel mit Melanzanicreme,
Stangensellerie, Kresse und
Neuseeländer Spinat_148
Suppenwürze selbst gemacht_198
Erfrischende Gersten-
Gazpacho_98

Topinambur
Eine Schüssel voll Glück –
Mangoldbowl_66

Trockenfrüchte
Frischkornmüsli aus rohem
Buchweizen mit Granola_50
Fruchtiges Buttermilchcurry
mit Vollkorn-Couscous_156
Knusperdessert mit Trockenobst
und Kürbiskern-Krokant_90
Marillen-Pesto mit buntem
Pfeffer_123
Rotkraut-Rohkost-Salat_176
Schnittzichorien-Salat mit
getrockneten Beeren, gebrate-
nem Rettich, Birnenvinaigrette &
Grissini_216
Selbst gemachte Müsliriegel_182
Superfood-Frühstücks-
Kuchen_144

Vogerlsalat (Feldsalat)
Ei im Hokkaido-Mantel_146
Rollgersten-Suppe in Frühlings-
laune_58
Spargel-Brot-Salat mit würziger
Kressevinaigrette_78
Zweierlei vom Kürbis:
Marinierte Kürbisspalten aus
dem Ofen & Knusprige Kürbis-
rösti auf Wintersalat_208

Waldstaudekorn
Waldstaudekorn-Dessert mit
Honig, Zimt und Apfelmus_228

Weißkraut
Gemüse-Vollkorn-Crumble mit
Bohnen und Schafkäse_202
Linsen-Erdäpfel-Spieß auf
gebratenem Sauerkraut_204
Sauerkraut-Hirse-Laibchen mit
Erdäpfelpüree_72
Sauerkraut selbst gemacht –
im Einmachglas_74

Sommerlicher Bohnenburger mit cremig-leichtem Coleslawsalat_110

Weizen
Superfood-Frühstücks-Kuchen_144

Wirsingkohl
Knusprige Gemüsechips mit Sauerrahm-Dip_126
Lasagne al cavolo – die Kohllasagne_210
Rollgersten-Suppe in Frühlingslaune_58
Volle Kraft voraus! Winterliche Minestrone für verschnupfte Tage_196

Zucchini
Schafkäse-Päckchen vom Grill mit dreierlei Pesto_122
Knusprige Gemüsechips mit Sauerrahm-Dip_126
Mini-Frittata mit jungen Brennnesselspitzen_48
Polenta-Sandwich mit Antipasti_132
Scharfe Zucchininudeln mit Rucola-Haselnuss-Pesto_168
Schneller Flammkuchen mit knackigem Sommergemüse_104

Zwetschken, frisch
Dinkel-Grießschmarren mit Äpfeln und Zwetschken_178
Kefirnockerl mit Hollerkoch_136

Rezeptregister

Frühstück
Amaranth-Pancakes mit Maulbeeren und Sauerrahm_96
Bagel mit Melanzanicreme, Stangensellerie, Kresse und Neuseeländer Spinat_148
Ei im Hokkaido-Mantel_146
Eier im Glas auf rotem Vogerlsalat_194
Frischkorn-Müsli aus rohem Buchweizen mit Granola
Frühstücks-Galettes mit Radicchio_192
Good Morning-Mix mit Haferdrink, Trauben und Nüssen_142
Karotten-Sauermilch-Smoothie_56
Mini-Frittata mit jungen Brennnesselspitzen_48
Porridge süß & herzhaft mit heißem Apfel-Ingwer-Drink_188
Steirer-Ei auf Vollkorn-Nussbrot_102
Superfood-Frühstücks-Kuchen_144
Super-Smoothie-Bowl_100
Würzige Brotchips mit Hummus-Dreierlei_54

Suppen
Erfrischende Gersten-Gazpacho_98
Joghurtsuppe mit Kichererbsen und würzigen Asia-Salaten_106
Karotten-Sanddorn-Suppe_152
Maronisuppe mit Nusstopping_190
Rollgersten-Suppe in Frühlingslaune_58
Volle Kraft voraus! Winterliche Minestrone für verschnupfte Tage_196

Salate
Broccolisalat in beeriger Begleitung mit Blattzichorie und Walnüssen_170
Erfrischender Linsensalat mit Birnen_128
Frühlingssalat mit scharfen Sprossen und Ei_70
Gebratener Radicchio mit karamellisierten Trauben und Nüssen_114
Lauwarmer Spinatsalat mit gerösteten Sonnenblumenkernen, karamellisierten Schalotten, Ziegenkäse und Erdbeeren_84
Rotkraut-Rohkost-Salat_176
Schnittzichorien-Salat mit getrockneten Beeren, gebratenem Rettich, Birnenvinaigrette & Grissini_216
Spargel-Brot-Salat mit würziger Kressevinaigrette_78
Vegetarischer Caesar's Salat_154
Wilder Salat mit Frühlingskräutern_60

Hauptspeisen
Bunte Chinakohl-Wraps mit scharfem Chili-Dip_158
Cremiges Einkorn-Risotto mit Pilzen und Rucolaschaum_62
Cremiges Schwarzwurzelragout mit Schwarzbrot-Knödeln_206
Eine Schüssel voll Glück – Mangoldbowl_66
Einfach & schnell: Regenbogen-Gemüse aus dem Rohr_64
Feuriger Käferbohnen-Topf_166
Fruchtiges Buttermilchcurry mit Vollkorn-Couscous_156
Gebratener Karfiol mit Kichererbsen und Aioli_160
Gefüllte Portobello-Pilze mit Petersilien-Gremolata und Schafkäse_68
Gefüllte Roggenbuchteln mit Nussbutter und fermentiertem Gemüse_162
Gemüse-Vollkorn-Crumble mit Bohnen und Schafkäse_202
Getreidebraten mit Selleriepüree_150
Schafkäse-Päckchen vom Grill mit dreierlei Pesto_122
Karfiol einmal anders: „Karfiolreis" mexikanische Art_116
Lasagne al cavolo – die Kohllasagne_210
Lauwarmes Balsamicogemüse mit Kräuter-Leinöl_108
Linsen-Erdäpfel-Spieß auf gebratenem Sauerkraut_204
Mangold-Maki mit Emmerreis_118
One-Pot-Pasta „Ricotta-Walnuss-Asia-Salat"_200
Pikant gefüllter Bratapfel_214
Rotkrautfleckerl mit selbst gemachtem Frischkäse_212
Sauerkraut-Hirse-Laibchen mit Erdäpfelpüree_72
Scharfe Zucchininudeln mit Rucola-Haselnuss-Pesto_168
Scharfes Linsendahl mit Minzjoghurt_76
Schneller Flammkuchen mit knackigem Sommergemüse_104
Sommerlicher Bohnenburger mit cremig-leichtem Coleslawsalat_110
Spaghetti mit Buchweizenbolognese_120
Zweierlei vom Kürbis: Marinierte Kürbisspalten aus dem Ofen & Knusprige Kürbisrösti auf Wintersalat_208

Snacks
- Bunte Frischkäse-Chili-Bällchen_130
- Dinkelstange gefüllt mit weißer Bohnencreme und Senfkeimlingen_82
- Gebratene Radieschen mit Limettendressing_80
- Geröstete Kohlsprossen mit Zitronen-Dip_220
- Knusprige Falafeln_86
- Knusprige Gemüsechips mit Sauerrahm-Dip_126
- Lauwarmes Rote-Rüben-Carpaccio mit Rettichtartar und Mozzarella_222
- Leinsamen-Einkorn-Cracker mit würzigem Winter-Krenaufstrich_218
- Naanbrot mit Grünkohl-Dip_172
- Polenta-Sandwich mit Antipasti_132
- Rucola-Mini-Strudel_174

Süßes
- Arme Ritter mit knallig grünem Erbseneis_134
- Dinkel-Grießschmarren mit Äpfeln und Zwetschken_178
- Dinkelmuffins mit Rhabarber und Mohn_92
- Emmerreis-Auflauf mit Birne und Apfel_88
- Erdbeer-Rhabarber-Marmelade mit buntem Pfeffer_138
- Kefirnockerl mit Hollerkoch_136
- Knusperdessert mit Trockenobst und Kürbiskern-Krokant_90
- Knusprige Powerkekse_182
- Leinsamen-Pudding mit Vanille und frischen Beeren_180
- Saftiger Gewürzkuchen im Glas_226
- Selbst gemachte Müsliriegel_182
- Waldstaudekorn-Dessert mit Honig, Zimt & Apfelmus_228
- Weihnachtliche Superfood-Cookies_224

Aufstriche & Dips
- Aioli_160
- Bohnencreme_82
- Chili-Dip_158
- Grünkohl-Dip_172
- Hummus-Dreierlei (klassisch, pink und grün)_54
- Sauerrahm-Dip_126
- Winter-Krenaufstrich_218
- Zitronen-Dip_220

Pestos
- Marillen-Pesto mit buntem Pfeffer_123
- Scharfes Pesto aus Karottengrün und Limette_123
- Rucola-Haselnuss-Pesto_168
- Würziges Tomaten-Fenchel-Pesto_123

Brote
- Bagel_148
- Dinkelstangen_82
- Grissini_216
- Leinsamen-Einkorn-Cracker_218
- Naanbrot_172
- Vollkorn-Nussbrot_102

Extras
- Sauerkraut selbst gemacht – im Einmachglas_74
- Schneller Haferdrink selbst gemacht_142
- Suppenwürze selbst gemacht_198

Besonders eiweißreich
Frühstück
- Eier im Glas auf rotem Vogerlsalat_194
- Frischkornmüsli aus rohem Buchweizen mit Granola_50
- Karotten-Sauermilch-Smoothie_56
- Mini-Frittata mit jungen Brennnesselspitzen_48
- Steirer-Ei auf Vollkorn-Nussbrot_102
- Würzige Brotchips mit Hummus-Dreierlei_54

Hauptspeisen
- Feuriger Käferbohnen-Topf_166
- Gemüse-Vollkorn-Crumble mit Bohnen und Schafkäse_202
- Joghurtsuppe mit Kichererbsen und würzigen Asia-Salaten_106
- Linsen-Erdäpfel-Spieß auf gebratenem Sauerkraut_204
- Sauerkraut-Hirse-Laibchen mit Erdäpfelpüree_72
- Scharfes Linsendahl mit Minzjoghurt_76
- Sommerlicher Bohnenburger mit cremig-leichtem Coleslawsalat_110

Snacks
- Bunte Frischkäse-Chili-Bällchen_130
- Dinkelstange gefüllt mit weißer Bohnencreme und Senfkeimlingen_82
- Erfrischender Linsensalat mit Birnen_128
- Knusprige Falafeln_86

Glutenfrei
Frühstück
- Ei im Hokkaido-Mantel_146
- Eier im Glas auf rotem Vogerlsalat_194
- Karotten-Sauermilch-Smoothie_56
- Maronisuppe mit Nusstopping_190
- Mini-Frittata mit jungen Brennnesselspitzen_48
- Super-Smoothie-Bowl_100

Hauptspeisen
- Broccolisalat in beeriger Begleitung mit Blattzichorie und Walnüssen_170
- Bunte Chinakohl-Wraps mit scharfem Chili-Dip_158
- Eine Schüssel voll Glück – Mangoldbowl_66
- Einfach & schnell: Regenbogen-Gemüse aus dem Rohr_64
- Feuriger Käferbohnen-Topf_166
- Frühlingssalat mit scharfen Sprossen und Ei_70
- Gebratener Karfiol mit Kichererbsen und Aioli_160
- Gebratener Radicchio mit karamellisierten Trauben und Nüssen_114
- Schafkäse-Päckchen vom Grill mit dreierlei Pesto_122
- Joghurtsuppe mit Kichererbsen und würzigen Asia-Salaten_106
- Karfiol einmal anders: „Karfiolreis" mexikanische Art_116
- Karotten-Sanddorn-Suppe_152
- Lauwarmes Balsamicogemüse mit Kräuter-Leinöl_108

Sauerkraut selbst gemacht – im Einmachglas_74
Scharfe Zucchininudeln mit Rucola-Haselnuss-Pesto_168
Scharfes Linsendahl mit Minzjoghurt_76
Suppenwürze selbst gemacht_198
Wilder Salat mit Frühlingskräutern_60

Snacks
Erfrischender Linsensalat mit Birnen_128
Gebratene Radieschen mit Limettendressing_80
Geröstete Kohlsprossen mit Zitronen-Dip_220
Knusprige Falafeln_86
Knusprige Gemüsechips mit Sauerrahm-Dip_126
Lauwarmer Spinatsalat mit gerösteten Sonnenblumenkernen, karamellisierten Schalotten, Ziegenkäse und Erdbeeren_84
Lauwarmes Rote-Rüben-Carpaccio mit Rettichtartar und Mozzarella_222
Rotkraut-Rohkost-Salat_176

Süßes
Erdbeer-Rhabarber-Marmelade mit buntem Pfeffer_138
Kefirnockerl mit Hollerkoch_136
Leinsamen-Pudding mit Vanille und frischen Beeren_180

Low Calory
Frühstück
Ei im Hokkaido-Mantel_146
Eier im Glas auf rotem Vogerlsalat_194
Erfrischende Gersten-Gazpacho_98
Schneller Haferdrink selbst gemacht_142

Hauptspeisen
Broccolisalat in beeriger Begleitung mit Blattzichorie und Walnüssen_170
Bunte Chinakohl-Wraps mit scharfem Chili-Dip_158
Frühlingssalat mit scharfen Sprossen und Ei_70
Gebratener Karfiol mit Kichererbsen und Aioli_160
Gebratener Radicchio mit karamellisierten Trauben und Nüssen_114
Gefüllte Portobello-Pilze mit Petersilien-Gremolata und Schafkäse_68
Schafkäse-Päckchen vom Grill mit dreierlei Pesto_122
Joghurtsuppe mit Kichererbsen und würzigen Asia-Salaten_106
Karfiol einmal anders: „Karfiolreis" mexikanische Art_116
Karotten-Sanddorn-Suppe_152
Lauwarmes Balsamicogemüse mit Kräuter-Leinöl_108
Scharfe Zucchininudeln mit Rucola-Haselnuss-Pesto_168
Schnittzichorien-Salat mit getrockneten Beeren, gebratenem Rettich, Birnenvinaigrette & Grissini_216
Spargel-Brot-Salat mit würziger Kressevinaigrette_78
Volle Kraft voraus! Winterliche Minestrone für verschnupfte Tage_196
Wilder Salat mit Frühlingskräutern_60

Snacks
Bunte Frischkäse-Chili-Bällchen_130
Gebratene Radieschen mit Limettendressing_80
Geröstete Kohlsprossen mit Zitronen-Dip_220
Knusprige Gemüsechips mit Sauerrahm-Dip_126
Lauwarmer Spinatsalat mit gerösteten Sonnenblumenkernen, karamellisierten Schalotten, Ziegenkäse und Erdbeeren_84
Lauwarmes Rote-Rüben-Carpaccio mit Rettichtartar und Mozzarella_222
Rotkraut-Rohkost-Salat_176

Rein pflanzlich (vegan)
Bagel mit Melanzanicreme, Stangensellerie, Kresse und Neuseeländer Spinat_148
Broccolisalat in beeriger Begleitung mit Blattzichorie und Walnüssen_170
Dinkelstange gefüllt mit weißer Bohnencreme und Senfkeimlingen_82
Eine Schüssel voll Glück – Mangoldbowl_66
Erdbeer-Rhabarber-Marmelade mit buntem Pfeffer_138
Erfrischender Linsensalat mit Birnen_128
Feuriger Käferbohnen-Topf_166
Gebratene Radieschen mit Limettendressing_80
Gebratener Karfiol mit Kichererbsen und Aioli_160
Good Morning-Mix mit Haferdrink, Trauben und Nüssen_142
Karfiol einmal anders: „Karfiolreis" mexikanische Art_116
Knusprige Falafeln_86
Lauwarmes Balsamicogemüse mit Kräuter-Leinöl_108
Linsen-Erdäpfel-Spieß auf gebratenem Sauerkraut_204
Mangold-Maki mit Emmerreis_118
Rotkraut-Rohkost-Salat_176
Sauerkraut selbst gemacht – im Einmachglas_74
Scharfe Zucchininudeln mit Rucola-Haselnuss-Pesto_168
Schneller Haferdrink selbst gemacht_142
Schnittzichorien-Salat mit getrockneten Beeren, gebratenem Rettich, Birnenvinaigrette & Grissini_216
Spaghetti mit Buchweizenbolognese_120
Spargel-Brot-Salat mit würziger Kressevinaigrette_78
Superfood-Frühstücks-Kuchen_144
Super-Smoothie-Bowl_100
Suppenwürze selbst gemacht_198
Volle Kraft voraus! Winterliche Minestrone für verschnupfte Tage_196
Wilder Salat mit Frühlingskräutern_60
Würzige Brotchips mit Hummus-Dreierlei_54

Danksagung

Ich möchte dieses Buch gerne meinen Urgroßmüttern und Großmüttern widmen, die ich als besonders gute und leidenschaftliche Köchinnen, Garten- und Naturliebhaberinnen in Erinnerung habe. Sie haben mir ihre Leidenschaft und Liebe zu lebendigen Produkten aus dem Garten, dem Zubereiten von Lebensmitteln und dem gemeinsamen Essen weitergegeben.

Weiters möchte ich mich ganz herzlich beim Löwenzahn Verlag, insbesondere bei Anita Winkler für die herzliche, kompetente und inspirierende Zusammenarbeit bedanken. Ich bin froh, dass ich mit Sonja Priller eine kreative Fotografin an der Seite hatte, mit der die arbeitsintensiven Tage der Fotoshootings in angenehmer Atmosphäre und großer Produktivität im Nu vorübergingen. Julia Lammers gab mit ihren wunderschönen Illustrationen dem ganzen Buch eine besondere Note.

Großer Dank gilt Wolfgang Palme für die Unterstützung bei kniffligen Gemüse-Fragen und der ganzen City Farm Schönbrunn als nicht versiegende Quelle für Inspiration und verschiedenstes erntefrisches Gemüse für die Rezeptfotos.

Und abschließend ein herzliches Dankeschön an meine Familie, an meinen Liebsten und an alle Freundinnen und Freunde für die gemeinsamen Gespräche, die anregenden und auch kritischen Fragen und die neuen Ideen. Und für die Geduld, wenn es wieder einmal hieß: Ich habe leider keine Zeit, ich arbeite an meinem Kochbuch. Jetzt ist das heiß ersehnte Ergebnis endlich für alle greifbar.

Impressum

Auflage:
2020	2019	2018	2017
4	3	2	1

© 2017 by Löwenzahn
in der Studienverlag
Ges.m.b.H., Erlerstraße 10,
A-6020 Innsbruck
loewenzahn@studienverlag.at
www.loewenzahn.at

Umschlag- und Buchgestaltung:
Stefan und Johanna Rasberger,
www.labsal.at
Fotografien: Sonja Priller,
www.sonjapriller.com
Illustrationen: Julia Lammers,
www.julia-lammers.com

Gedruckt auf umweltfreundlichem, chlor- und säurefrei gebleichtem Papier.

Bibliografische Information
Der Deutschen Bibliothek
Die Deutsche Bibliothek verzeichnet diese Publikation in der Deutschen Nationalbibliografie; detaillierte bibliografische Daten sind im Internet über <http://dnb.ddb.de> abrufbar.

ISBN 978-3-7066-2610-1

Alle Rechte vorbehalten. Kein Teil des Werkes darf in irgendeiner Form (Druck, Fotokopie, Mikrofilm oder in einem anderen Verfahren) ohne schriftliche Genehmigung des Verlages reproduziert oder unter Verwendung elektronischer Systeme verarbeitet, vervielfältigt oder verbreitet werden.